ソウルフード探訪

東京で見つけた異国の味

中川明紀

平凡社

はじめに

「ご飯と味噌汁が食べたい」

旅先で初めてそう思ったのは学生の頃、フランスを訪れていた時だった。私は友人と二人でバックパックを背負い、ユーレイルパスを使ってオランダ、フランス、スペイン、ポルトガル、イタリアなどを列車で巡っていた。

フランスなんて美食三昧じゃないか、と思うかもしれない。確かにその通りなのだが、私にはお金がなかった。アルバイトで貯めた所持金のほとんどは航空券とユーレイルパスに消え、宿はもっぱらドミトリー。まあ、当時流行っていた貧乏旅行にちょっと憧れていたというのもあるけれど、とにかく食にかける予算が乏しかったわけだ。

加えて長距離移動が多かったから、食事の多くが手軽なサンドイッチだった。もちろん最初は、本場のフランスパンやチーズだったり、スペインの生ハムだったりに感動していたが、変化の少ないパン食にだんだんと飽きてくる。そして、薄暗いドミトリーの二段ベッドに腰かけてサンドイッチを食べている時に、ふとご飯と味噌汁が恋しくなったのである。

社会人になってからは長い旅をすることがなかったからか、そんなことはすっかり忘れていた。むしろ、短い時間でできるだけその国の食を味わいたいと、地元の人が多い食堂に好んで出かけていたと思う。しかし二〇一三年、ヒマラヤ山脈を見にネパールを旅した時のこと。

ポカラからカトマンドゥに移動する途中、私は発熱と軽い腹痛に見舞われた。旅の疲れか、前日食べたチキンカレーに妙な生っぽさを感じたのが気のせいではなかったということか（誤解のないように言っておくと、このチキンカレー以外のネパールの食事は美味しかった）。宿を探す気力もない私は重い体を引きずりながら最初に見つけた安宿に投宿した。そうしたら、腹痛だっていうのにトイレの水の流れが悪いじゃないか。

「最悪だ……」とベッドに倒れ込んだ私。幸い翌日には回復していたが、香辛料の効いた料理を食べる気にはなれず、ベッドに横たわりながらつぶやいたのだ。

「ああ、ご飯と味噌汁が食べたいなあ」と。

遠い異国の地にいる時に恋しくなったご飯と味噌汁。思い返せば、訪れた国の料理がどんなに美味しく、珍しいものであっても体のどこかで欲していて、帰国して口にすると体も心も安らいだ。きっとそれは私が生まれてからずっと慣れ親しんできた日本の、故郷の味だからだろう。

そこでふと思った。私が外国で母国の料理を食べたくなったように、どの国の人たちにも体が、魂が欲する故郷の料理、つまり「ソウルフード」があるはずだ。

＊

これが、私が日本で暮らす外国の人びとにこう尋ねてまわるきっかけになった理由である。

「あなたの国のソウルフードは何ですか?」

現在、日本には二五五万人以上の在留外国人がいるという。いったい何カ国のソウルフードにめぐり会えるのだろうとワクワクしながら、最初に話を聞きに行ったのはインド人だ。インドには縁あって何度か訪れているが、出てくる料理がどれもこれもカレー味だった。興味本位で食べたマクドナルドのベジタブルバーガーも挟まっていたのはカレーコロッケ。感心した私は、北東部の都市ブッダガヤのホテルの食堂で、一緒に食事をしていたインド人の友人に「毎日カレーを食べていて飽きないのか」と問うた。すると、不思議な顔をしていうのだ。

「なぜ飽きるんだ? 全部違う料理じゃないか」

その時は意味が理解できぬまま話を終えてしまったのだが、彼の言葉がずっとどこかで引っかかっていた。だってそのあとに食べた食事もやっぱりカレーなんだもの。

そんな経緯で、インドのソウルフードからスタートしたのだ。快く話してくれたのは日本におけるインド人コミュニティの重鎮のひとり。さすが重鎮だけあって自国の料理に詳

＊

しく、私の疑問にも答えてくれたのだが、その内容については本編を読んでいただければ幸いである。

滑り出しは順調だったソウルフード探訪の旅。しかし、間もなくしてひとつの問題にぶつかった。ソウルフードの定義は何なのか、ということだ。辞書でソウルフードを調べてみると、「その地域で親しまれている郷土料理」と書かれている。「国民食」といってもいいかもしれない。加えて、異国にいると食べたくなるような料理がソウルフードだと、初めは考えていた。基本的には間違っていないと思う。だが、私が聞いたのは一個人、多くても数人。回を重ねるうちに答えにはけっこうな割合で主観が含まれていると気づいたのだ。

考えてみれば、日本人に日本のソウルフードを尋ねたとして、どれだけの答えが出てくるだろうか。寿司、天ぷら、そば、ラーメン、梅干しなどなど、ちょっと考えるだけで次々と思い浮かぶ。そもそも、私が外国でご飯と味噌汁が食べたくなったのも主観だ。同じ状況でそばが恋しくなる人もいるだろう。大阪のたこ焼きや福岡の筑前煮（がめ煮）など、地元ならではの料理を思い出す人もいるかもしれない。いっぽうで、生魚が食べられない、梅干しは嫌いという人もいるはずだ。つまり、一概に「これが、この国のソウルフードだ！」と断定してしまうのは難しいし、危険なのである。

だから、悩んだ末に定義にこだわるのをやめた。その代わり、自分がソウルフードだと

＊

思う料理についての思い出やこだわりを自由に語ってもらうことにした。ソウルフードを単純に日本語に置き換えると「魂の食」だ。彼らの料理への愛情や誇りが言葉として積み重なっていくことで、ソウルフードの本当の意味が見えてくるかもしれない、そう思ったのである。

インド人に限らず、日本に住む外国人の多くはコミュニティを形成し、協力して暮らしている。そして、私が出会った人たちは、日本では手に入れにくい食材や調味料も多い中で工夫しながらソウルフードをつくって食べていた。中には日本でも馴染み深くなっている料理もあるし、一瞬ひるむような調理をする料理もある。ただ、ソウルフードを語る時の熱い眼差し、食べる時の笑顔はどの国も共通していた。

なお、私が住む東京には全国の約二割（一都三県だと四割以上）の在留外国人が住み、さまざまな国の大使館や料理店も点在していることから、自ずと東京を中心に訪ね歩くことになった。店で食べた場合は店舗情報も記しているので、もしこの本を手に取っていただけたならば、彼らのソウルフードを食べてみてほしい。ここには載っていない近くにある店でもいい。料理を食べ、会話を交わすことできっと今までより味わい深く感じるし、自分自身のソウルフードについても考えるきっかけになるのではないかと思う。

そろそろ準備はできただろうか。

では、一緒に出かけよう、ソウルフード探訪の旅へ！

＊

愛すべきB級グルメ 113

行事を彩る食べ物 151

素材が命 201

家庭の食卓、母の手料理 241

イラスト　得地直美／装丁　鈴木千佳子

外国人街で
出会った味

リトルインディアの住民を癒す〝味噌汁〟

インドといえば、カレー。

多くの人がそう思い浮かべるのではないだろうか。ならば、インドのソウルフードってやっぱりカレーなのか。

その疑問を解決すべく、私は東京の東端、江戸川区の西葛西駅に降り立った。実は江戸川区には約三〇〇〇人のインド人が住んでいて、西葛西エリアに集中しているという。日本にいるインド国籍の外国人登録者数は三万一〇二五人（二〇一六年末現在）だから、一割ほどが暮らしていることになる。しかも、インド人学校やヒンドゥー教寺院まであるというのだから、まさに〝リトルインディア〟。この街ならソウルフードにも出会えるはずだ、と思って訪れたのである。

見渡す限りではよくある都市部の住宅街だ。インド料理屋が軒を連ね、カレーの匂いが立ち込めているのでは、と想像していただけに少々がっかりしながら歩き出す。しかし、スーパー

＊

マーケットの出入り口に差し掛かると、ベビーカーを押す黄緑色の民族衣装サリーを着た女性が出てきた。すっかり街に溶け込んでいるではないか。

「西葛西にインド人が多く住むようになったのは一九九九年からです。コンピューターの誤作動が危惧された『二〇〇〇年問題』の対策のために、IT国家として注目され始めていたインドの技術者たちが、日本企業に雇われて続々と来日したんです。彼らは会社員ですから平日の昼間はあまり見かけないかもしれないですね」

そう教えてくれたのは、西葛西でインド料理店「スパイスマジック カルカッタ」を営むインド東部コルカタ出身のジャグモハン・S・チャンドラニさん。一九七九年からこの街に住み、住居などを世話するチャンドラニさんを慕ってインド人が集まるようになったのだという。

「今でこそファミリーも増えましたが、以前は単身で働きにきている人ばかりでした。仕事が忙しい彼らは料理をつくる暇がありません。でも、疲れた時ほど食べたいのが母国の味です。私の本業は紅茶などの輸入販売業ですが、彼らが日本でも母国の料理を食べられるようにと一九九九年に店を始めたんです」

店のメニューにはチキンや魚介、ほうれん草のカレーなどが並んでいた。疲れたインド人を癒す味であり、家庭で食べる料理ばかりだというから、きっとこの中にソウルフードがあるに違いない。そういうと、チャンドラニさんはうなずいて、ひとつの料理を出してくれた。

見れば、黄褐色のどろっとした汁に鼻の奥がぴりっとする香辛料の香り。こ、これは……。

＊

「カレーですね」

思わずつぶやくと、チャンドラニさんは首を横にふった。

「これはダールといいます」

そもそも、インドに「カレー」という料理はない。大航海時代にインドにやってきた西洋人が、インド人が食べているスパイスを使った煮込み料理を「カレー」と呼び、それが世界に広まったのだという。語源は諸説あるが、インド南部の言葉・タミル語で「汁」を意味する「kari（カリ）」がなまったもの、という説が有力だとか。

「インド人は三食カレーを食べているといわれますが、我々から見れば全部違う料理なんです。みなさんがチキンカレーと呼んでいるものも、インドでは調理法や使うスパイスによってそれぞれ違う料理名がついています。ダールとは豆の煮込み料理の総称。インドでは毎日毎食、このダールを食べるんです。まさに、日本でいう〝味噌汁〟ですね」

へえ〜と感心しながら、豆カレー、もといダールを一口いただく。豆は口の中でほろりと崩れるほどにやわらかい。ぶわーっと広がるスパイスの刺激を豆の甘みがまろやかに包みこむとともに、味に深みを出している。

＊

ダールという言葉は料理名であると同時に、「挽き割った豆」という意味を持つ。チャンドラニさんが出してくれたダールには、インドではポピュラーなムング豆とトゥール豆の二種類の挽き割り豆が使われているという。挽き割ることでとろみと旨みが引き出され、まろやかな

味に仕上がるのだ。
「インドは日本の約九倍の面積を持つ広い国です。地域によって気候も異なるから、北は小麦、南では米を主食にするなど食文化も地方色豊か。でも、ダールは全国で食べられています。インドは人口の半分がベジタリアンなので、豆は貴重なタンパク源になるし、乾燥させれば日持ちするので、どの地域でも重宝されているのでしょう」
だからインドでは大豆をはじめ、レンズ豆やヒヨコ豆、インゲン豆などたくさんの種類の豆が栽培され、どの村に行っても豆を売る店がある。ダールには挽き割っていない豆や皮のついた豆も使われるし、同じ豆でもスパイスの種類や調理法を変えることで味の幅は無限に広がるから、毎食でも飽きることはないとチャンドラニさんはいう。

＊

「私は乾燥させた豆のダールが好き。東部の乾燥した地域の生まれですからね。ショウガと塩、青唐辛子、黒コショウを使ってつくります。シンプルだけど驚くくらい味に深みがあって美味しい。日本の味噌汁にも赤味噌や白味噌があって具材もいろいろ豊富なように、ダールも地域の味、家庭の味、思い出の味があるんですよ」

日が落ちるとスーツ姿のインド人がひとり、ふたりと店に集まりだした。店ではメニューにあるダール以外に、より家庭らしいダールを「まかない料理」として毎日つくり、彼らに出しているという。チャンドラニさんの店はインドの企業戦士たちがダールを食べながら、ほっとくつろぐもうひとつの家なのだ。

「毎日ほかほかのダールを食べていたら元気が出ますね」

彼らの食事する様子を眺めながらいうと、チャンドラニさんはこんな言葉を口にした。

「スパイスはサプリメントなんです」

えっ、スパイスは風味を出すためのものでしょう？

「もちろんそれもありますが、一番重要なのは薬効です。インドの家庭では食材、味だけではなく、その日の体調や気候に合わせてスパイスの種類、分量を決めて料理をつくるんです。だからサプリメントのようなものなんですよ」

たとえば……といって出してくれたのがお椀型にもられたライス。ほんのりと甘い匂いが漂う。どうやらライスに入っているピスタチオのような緑色の物体が、その甘さの元のようだ。

＊

「この緑の種子はカルダモンといいます。甘く優雅な香りから〝スパイスの女王〟とも呼ばれていますが、脳を活性化させる働きがある。脳の血流をよくするので集中力がアップするといわれています」

「そうなのか！」と感心しながら、カルダモンの匂いをよく嗅いでみる。甘さとは別に、すーっと鼻から抜けるようなさわやかさがあり、確かに頭がすっきりするようだ。インドでとてもよく飲まれているミルクティー「チャイ」にもカルダモンを入れたりするそうで、インド人が暗算を得意としているという話にもなんだか妙に納得する。

そのカルダモンとともにライスに入っていたのがクミン。お腹にガスがたまるのを防いで胃腸の働きを正常にするうえ、余分なものを排出するデトックス効果もあるという。炒め物や煮物など毎食何らかの料理に使われる最もポピュラーなスパイスで、麦のような姿形から発する匂いはいわゆる〝カレー〟だ。

試しにクミンを一粒食べてみるとたちまちに口の中が〝カレー臭〟でいっぱいになった。しかし、ほのかに青臭いだけで味はあまりしない。カレーの匂いの元だからもっと辛かったりしびれたりするのかと思っていたので少々拍子抜けした。そうすると、汗が吹き出るような辛みは何なのか。

「唐辛子ですよ。でも、唐辛子は大航海時代にポルトガル人が持ち込んだもので、インドでは比較的新しいスパイスなんです。それ以前から辛みに使われているのはブラックペッパー

（黒コショウ）で、数千年前からあります」

なるほど、コショウはインドが原産ともいわれ、大航海時代の主要な交易品だった。

スパイスに興味があるならと、チャンドラニさんは自身が経営する食材店（現在は閉店）に案内してくれた。インド出身の人たちが家で料理をするための材料を調達する店だという。

店に向かう途中、西葛西の西側を流れる荒川に立ち寄った。奥秩父に端を発するこの川は、全長一七三キロにもおよぶ、東京の重要な水源でもある一級河川だ。西葛西に住むインド人たちは荒川を見るとインドの聖なる川「ガンジス川」を思い出すという。

「インドの古い街は川沿いにあるんです。紀元前二〇〇〇年前後にインダス川流域でインダス文明が栄え、そこから人々はガンジス川流域に移り住むようになりました。だから水がある生活がインド人には心地がよい。私もよく荒川の土手沿いを散歩しますよ」

チャンドラニさんはいう。全長二五〇〇キロ以上のガンジス川に比べたら小さいが、なにか包み込んでくれるような穏やかさ。この街にインド人が集まる理由は荒川にもあるのかもしれない。

＊

インド食材店には、乾燥豆や米、お菓子、レトルト食品など、日本のスーパーではおよそ見かけない珍しいものがずらりと並んでいた。嬉々として店内を物色しているとスパイスコーナーを発見。カルダモンやクミンのほか、フェヌグリークやニゲラ……と聞き慣れないものも多いが、チャンドラニさんの説明を頼りに一つひとつ手にとってみる。

「フェヌグリークは苦みの元。とっても苦いけど消化を助ける効果があります。ニゲラは利尿薬としても使われていますよ。ターメリックは別名のウコンのほうが日本では有名かもしれません。ウィルスやバクテリアが身体に侵入するのを防ぐ効果があって、インドではクミン同様ポピュラーなスパイスです」

これらのスパイスを四～五種類、多い時は一〇種類以上を組み合わせて料理をつくるのだという。その際に、もうひとつ重要なのが油。インド料理は、まず油にスパイスを入れて薬効成分や香りを十分にしみこませてから、具材と合わせるのが基本的な調理法だ。つまり、どの油を使うかによって風味がまるで変わってくるのである。

「インドでは北部は菜種かゴマ、南はココナッツ、東は菜種、西は落花生というように、地方によって使う油が異なります。油によって調理に適切な温度も変わってきますから、同じスパイスを使ってもまったく違う風味に仕上がるんです。スパイスも地方によって使うものがさまざまなので、油とスパイスにも地域ごとのソウルが込められているかもしれませんね」

チャンドラニさんの話を聞いて、単純に「インドといえばカレー」と思っていたのが恥ずかしくなった。なんとも奥深い世界だったのだ。

「これからは違いがわかる人間になりたい」

そう思ってついついスパイスを大量に買い込んでしまった。これを使って美味しい料理をつくれるようになることが違いを知る一歩のようだ。

＊

SPICE MAGIC CALCUTTA／スパイスマジック カルカッタ 本店
東京都江戸川区西葛西三-一三-三
☎ 〇三-五六六七-三八八五
ホームページ http://www.shanti-jbs.com/curry.html/

＊

故郷の食卓を映す
フランスの前菜

この日、私が訪れたのは東京・神楽坂。江戸時代から花街として賑わってきたこの街が、知る人ぞ知る「フランス人街」になっていると聞いて、ソウルフードを探しにきたのだ。

確かに街を歩けば、立ち話をするマダムに自転車に乗った学生さんと、フランス人かはわからないが西洋人の姿がそこかしこに見られる。その謎は、フランス人が集うと噂のフレンチレストラン「アンスティチュ・フランセ東京 ラ・ブラスリー」の前に立つと、するりと解けた。

神楽坂下から外堀通りを市ヶ谷に向かって徒歩五分。門から延びる石畳のスロープを上がっていくと、芝生の青々としたテラスで食事をするフランス人マダムたちがいる。日本にいることを忘れてしまうような、ゆったりとした時間が流れるこのレストランは、アンスティチュ・フランセ東京（旧東京日仏学院）の施設の中にあった。

「アンスティチュ・フランセ東京は、語学学校や文化センターを備えたフランスの公式機関です。日本との文化交流を目的とした施設ですが、フランスの書籍や雑誌を揃えた図書館もあ

＊

り、多くのフランス人が訪れています」

そう教えてくれたのはラ・ブラスリーのマネージャーで、フランス北部ノルマンディー出身のアイハン・イルベイさん。アンスティチュ・フランセ東京は一九五二年に開校して以来、在日フランス人たちのコミュニケーションの場として歴史を重ねてきた。さらに、一九七五年にはフランスの子どもたちが通うための学校が近くに設立され（二〇一二年に東京・北区に移転）、神楽坂界隈に自ずとフランス人が集まるようになったのだという。

それなら、ここに来るフランス人たちが求める〝フランスの味〟もきっとあるだろう。

「フランスにはいろいろな名物料理があるし、地方色も豊かです。私の出身のノルマンディーにも郷土料理があるけれど、フランス人の誰もがほっと懐かしくなる料理はこれですね」

そういってイルベイさんが出してくれたのは、長方形をした一見素朴な肉料理。ミンチ状の肉を固めているようで、ミートローフによく似ているが温かい料理ではなさそうだ。

「テリーヌ・ド・カンパーニュ。最も伝統的な家庭料理です」

テリーヌなら知っている。フランス料理の前菜によく出てくるからだ。しかし、色とりどりの野菜やエビ、サーモンなどを使い、見た目にもきれいな料理のイメージが強い。

「テリーヌとはもともと長方形をした容器の名前で、これを使ってつくる料理は全部テリーヌと呼ばれているんですよ」

＊

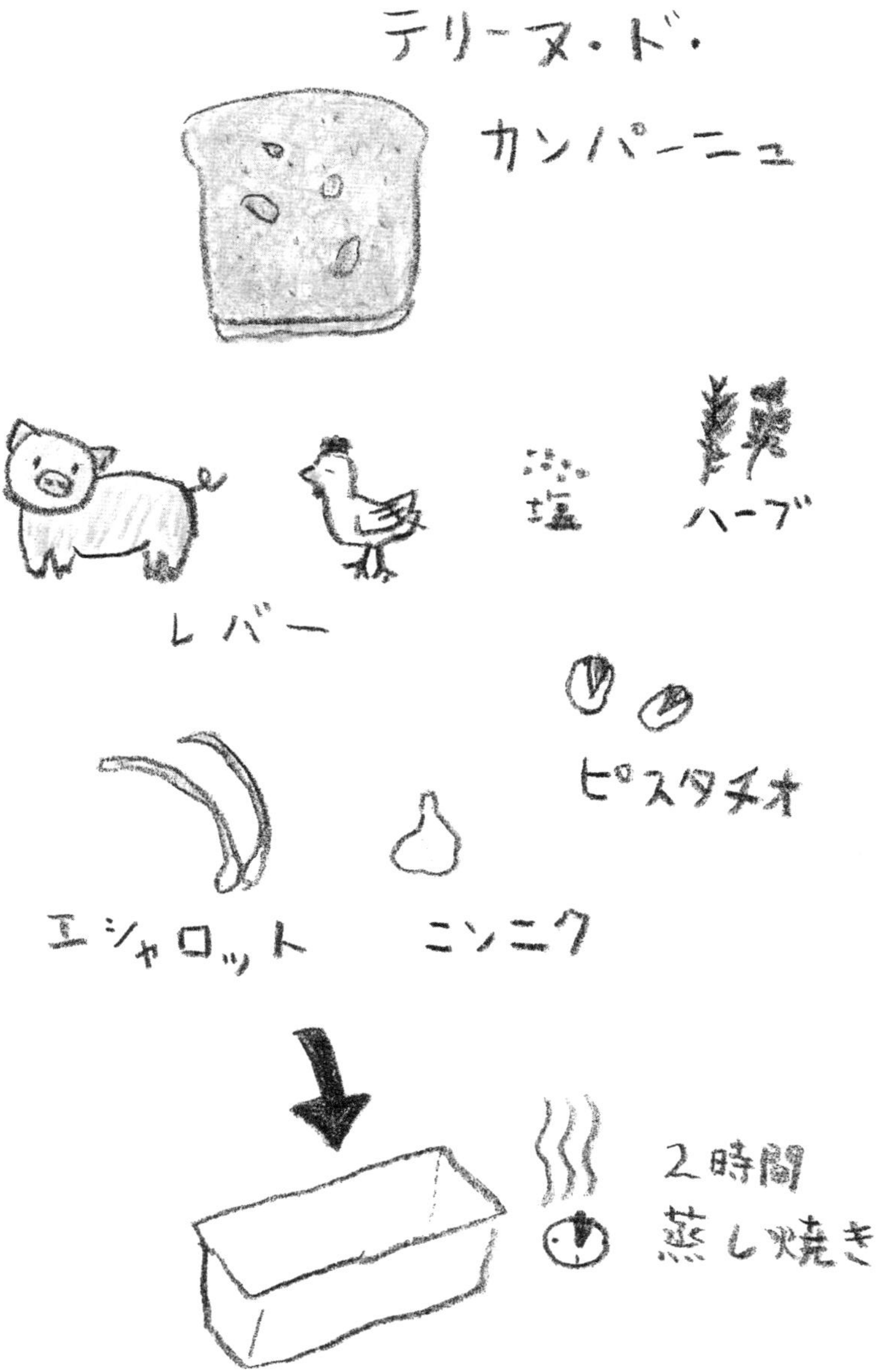
テリーヌ・ド・
カンパーニュ
塩
ハーブ
レバー
ピスタチオ
エシャロット
ニンニク
2時間
蒸し焼き

イルベイさんが教えてくれた。「カンパーニュ」はフランス語で「田舎」という意味。その名のごとく、これを食べるとフランス人は子どもの頃、故郷で家族と囲んだ食卓を思い出す〝おふくろの味〟なのだそうだ。

「昔、母がこれを一切れずつお皿に載せてくれるのが楽しみでした」

イルベイさんの話を聞きながら、さっそくナイフを入れてみる。身がギュッと詰まっていてなかなかの弾力だ。豚肉のようだが臭みはなく、ほのかなハーブの香り。シンプルに見えて、かむほどに広がる旨みにはいくつもの素材が折り重なった深みがある。

「テリーヌ・ド・カンパーニュは、豚肉と鶏のレバーを塩とハーブ、白ワインに一日漬けてミンチにし、すりつぶしたエシャロットやニンニクを混ぜます。さらにピスタチオを入れて容器に詰め、低温でじっくり二時間ほど蒸し焼きにすれば完成です。一日ほど置くと味がなじんでより美味しくなりますよ」

素朴な見た目に反して手が込んだ料理だ。世界三大料理のひとつといわれるフランス料理だが、ソースや香辛料を使った見た目にも美しいスタイルは一六世紀にイタリアから入ってきたもので、それまではパンや果物はあまり食べず、肉が多かったという。肉をミンチにしてパイ生地で包む「肉のパテ」はその頃からよく食べられていて、ミンチを容器に入れて焼くテリーヌはパテの派生物であり、保存食の意味もあるそうだ。

「つくり置きができるのも便利。昔の人の生活の知恵でしょう。ピスタチオの代わりにレー

＊

ズンを入れるなど、材料や味付けは家庭によって違いますが、フランスパンとワイン、そして前菜にテリーヌ・ド・カンパーニュというのが、フランスのオーソドックスな食卓のひとつです」

うん、テリーヌ・ド・カンパーニュの濃厚な味には渋めの赤ワインが合いそうだ。フランスといえばワインである。生産量も国民一人当たりの年間消費量も世界二位で、一人当たりの消費量五一・八リットル（二〇一五年国際ぶどう・ぶどう酒機構調べ）は日本の約一六倍におよぶとか。ワインに合うこともフランスのソウルフードには大切なことかもしれない。

テリーヌ・ド・カンパーニュの皿にはたっぷりの野菜と大きめのクルトンも添えられていた。テリーヌをクルトンやフランスパンに塗って食べるとまた違う食感が楽しめるというので、赤ワインをいただきながらゆっくりとその味をかみしめる。フランスは家庭でもまず前菜、それからスープ、メインと順番に食べるとイルベイさんはいう。

「料理一つひとつを時間をかけてゆっくりと味わうんです。だから日本に来た時には驚きましたよ。食卓にご飯も味噌汁もメインも全部一緒に載っているんですから。料理の味が混ざってしまうではないですか！」

ご飯を手にいろいろな料理を好きなようにつまむのもいいもんですけれどね。それはさておき、つくり置きができて、さっと食卓に出せるテリーヌ・ド・カンパーニュは食事の準備に忙しい主婦の味方なのかもしれない。とはいえ、つくるまではとても手間がかかる料理だ。これ

＊

を日常的につくっていたら大変だと思いきや、最近は手づくりする家庭が少なくなっているそうで、テリーヌの専門店が増えているという。しかし、イルベイさんはいう。

「お店のテリーヌはウズラやウサギ、魚を使ったり、野菜だけでつくったりと種類も豊富で、見た目もきれい。でも、ふと食べたくなるのはやっぱりテリーヌ・ド・カンパーニュです。祖母から母へ、母から子どもへと代々受け継がれてきたフランス人のＤＮＡのようなものがあるのかもしれませんね」

一九六〇年代頃から日本に浸透し始めたフランス料理は、度重なるワインブームとも相まって人気となり、いまや多くのレストランが点在している。そこにあるのは「洗練されていて、盛りつけも上品で美しい料理」というイメージだ。しかし、テリーヌ・ド・カンパーニュには、〝田舎〟という言葉が意味する通り、私たちが持つフランス料理のイメージとは異なった素朴な親しみやすさがある。

「フランスの家庭料理や郷土料理はお皿にドンと盛って食べます。日本にはそうしたボリュームのある料理を出すフレンチレストランが少ない。そのためか、故郷の味を食べさせたいというお母さんたちが子どもを連れてお店にきたりもするんですよ」

イルベイさんがいった。ラ・ブラスリーを訪れるフランス人の多くはテリーヌ・ド・カンパーニュを目当てに食べにくるらしい。オランド仏大統領（当時）が来日した際には、大統領夫人がラ・ブラスリーで昼の食事会を開いたそうだが、そこでもテリーヌ・ド・カンパーニュ

＊

が出されたという。

「フランスの人たちの故郷の味かあ」とテリーヌ・ド・カンパーニュをかみしめながらテラスに目をやると、マダムたちが食後の談笑を続けていた。そのリラックスした表情を見て、この街にはフランスの味と文化がしっかりと根付いていることを感じた。

Institut français du Japon Tokyo La Brasserie ／アンスティチュ・フランセ東京 ラ・ブラスリー
東京都新宿区市谷船河原町一五
☎〇三-五二〇六-二七四一
ホームページ http://www.institutfrancais.jp/tokyo/brasserie/

＊

ブラジル人の情熱の源、ココにあり

サッカーにリオのカーニバル。私が持つブラジルのイメージだ。そして、W杯で見る選手やサポーターからも、本番当日のために一年かけて準備をするというカーニバルのダンサーからも、まぶしいほどの情熱が伝わってくる。彼らの熱気を生み出すソウルフードって何だろう。

そんなブラジルの味を求めて向かったのは群馬県大泉町。人口約四万一〇〇〇人のうち、約一割がブラジル人という「ブラジリアンタウン」だ。中心市街地の最寄りである東武鉄道西小泉駅の改札を出ると、目に飛び込んできたのは「ようこそ！ 日本のブラジル『おおいずみ』へ!!」と書かれた黄色と緑のブラジルカラーのド派手な看板。さっそく異国のにおいを感じる。

街に出るとそのにおいはさらに強くなった。商店の看板などいたるところに、ブラジルの国旗や公用語であるポルトガル語があふれているのだ。すれ違う人も日本人より外国人のほうが多いくらいで、洋品店のショーケースにはセクシーな原色ボディコン服が並ぶ。「やっぱりサンバの国だな〜」なんていいながら、街を包むラテンな空気にテンションも上がっていく。

＊

この日は、いろいろな国の料理が食べられるイベント「活きな世界のグルメ横丁」が行われていたので、会場である「いずみ緑道 花の広場」に足を向けた。会場にはブラジルをはじめ、パラグアイやエジプトの料理の屋台が並んでいる。さっそく、ブラジル人と思われる人にソウルフードについて聞いた。

「毎日食べるよ」

「ブラジルの代表的な料理だね」

「好物の牛肉のトマト煮込みと一緒に食べるのが最高だよ」

異口同音に出てきたひとつの料理があった。「コレがないと生きていけない！」という人もいるほどだ。しかし、このイベントでは食べられないらしい。そこで、どこで食べられるか聞いたところ、「スーパータカラで食べられるよ」というので、行ってみることにした。

＊

ひときわ賑わう大きな店。看板にはブラジルの国旗が大きく掲げられ、「SUPER MERCADO TAKARA（スーパータカラ）」とある。在日ブラジル人が食材や日用品を買うためのスーパーマーケットで、その料理は店に併設するブラジル料理レストラン「ロデイオグリル」で食べられるという。

店内に入ると、もはやそこはブラジルだった。目の前にブラジルの国民的な炭酸飲料「ガラナ」が山積みにされ、さまざまな種類の乾燥豆や渦巻き状の生ソーセージなど、日本のスーパーでは見かけない商品が並ぶ。店員も買い物客も、私のような観光客をのぞけば日本人とお

ぼしき人はわずか。なんだか不思議な光景だ。

店内を楽しみながら、お目当ての「ロデイオグリル」へ。対応してくれたのはロデイオグリル・オーナーのマルコ・アントニオ・宮崎さん。父親が日系一世、母親が日系二世の日系ブラジル人だ。マルコさんにその料理について尋ねる。

「ああ、フェイジョンですね！　ブラジル人は毎日食べますよ」

そう話すマルコさん。ブラジルでは「豆」という意味を持つ言葉のフェイジョンだが、いったいどんな料理なのだろうか。

「豆を煮込んだ料理です。ブラジルの主食はお米ですが、白いご飯の時は必ずフェイジョンと一緒に食べるんですよ」

イベントにいた人が「日本の味噌汁のような感覚だ」と話していた。それをいうとマルコさんも「そうですね」とうなずきながら続ける。

「うちは日系なので和食もよく食べましたが、その時もフェイジョンはありました。味噌汁とフェイジョンを両方食べるんです」

ブラジル人はフェイジョンがないと食事をした気にならないらしい。しかし、豆の煮物なら日本にもある。甘い煮豆が一般的だが、ブラジルの煮豆はどうなのだろう。そう思いながらひとつ注文すると、マルコさんはご飯と一緒に持ってきてくれた。

＊

茶色い煮汁の中に豆がたっぷり。インゲン豆の一種のカリオカ豆を使っていて、日本の煮豆より汁がやや多いものの、見た目はそう変わらない。だが、食べ方が違った。看板娘でやはり日系ブラジル人のフェルナンダ・立花さんが、「こうやって食べます」といって、ご飯にフェイジョンをかけたのだ。

「ひたひたになるまでかけて、ご飯が茶色に変わるくらいよく混ぜてから食べるんです」

ご飯と煮豆のフュージョンだ。甘そうだなあ、お汁粉だと思えばいいのかなあ、といろいろ考えながらパクッと口にいれるとあま……くはなかった。もちろん、豆の甘みはあるし、舌触りもまろやかだが、味付けは塩ベース。細かく刻んだベーコンと玉ネギが入っていて、ニンニクもけっこうきいている。それらをじっくり煮込んだ素朴な味わい。

なるほど、これならご飯に混ぜてもよくなじむ。

「店では日本のお米を使っていますが、ブラジルはインディカ米にオリーブ油やニンニクを入れて炊くのが主流。パラパラとしているので汁物によく合うんです。朝はパンを食べるので、フェイジョンは昼か夜です。これにサラダとお肉料理がブラジルの一般的な食事ですね」

マルコさんが教えてくれた。地方によって黒豆を使ったり、その日の気分でベーコンを豚肉にすることはあるが、基本は同じ材料でつく

＊

るらしい。

「土日はフェイジョアーダをつくることもありますよ」とマルコさん。そういえば、イベントでもフェイジョアーダの話をしていた。フェイジョンの進化形のようなものらしい。フェイジョアーダも食べてみることにした。

マルコさんが持ってきたフェイジョアーダは黒かった。こちらは黒い豆を使うのだそうだ。そして、肉の塊がゴロゴロと入っている。

「味付けはフェイジョンと同じですが、豚の肉や耳、尻尾などいろいろな部位を入れます。ソーセージやベーコンも入れて肉がやわらかくなるまで煮込む。牛肉を使うこともあります」

これにトマト、玉ネギ、キュウリを酢や油で混ぜたヴィナグレッチというソース、ファリーニャというキャッサバの粉、それからケールのニンニク炒めを一緒に混ぜて食べるという。

豚の耳や尻尾とはパンチがきいている。しかし、付け合わせを混ぜたフェイジョアーダは色とりどりで食欲が刺激された。食べてみると、豆はフェイジョンのものよりやや固く、汁もサラリとしている。しかし、肉はやわらかく旨みに富み、ソーセージの味もしっかりしていて、ほのかに甘い豆とのバランスが絶妙なのだ。塩やニンニクの味付けが強い気もするが、ヴィナグレッチのさっぱり感やケールの青々とした風味が味に変化を与えて飽きさせない。そして、ご飯に実に合うのである。

＊

「ブラジル人は母親の手伝いをしながら料理を覚えます。フェイジョンがつくれないとお嫁にいけないといわれているんですよ」

フェイジョン、フェイジョアーダを手際よく混ぜてくれたフェルナンダさんが微笑む。フェイジョンが日本のお味噌汁のような位置づけなら、フェイジョアーダは何かと聞くと、「たまにしか食べないけれど、出てきた時はうれしいからカレーライスかな」という。

「フェイジョアーダは材料が多くて時間もかかるうえ、ボリュームがあるので、家庭によって違うものの、食べるのはだいたい一カ月に一度くらいです。お腹がいっぱいになるので、ぐっすりとよく眠れるんですよ」

マルコさんが話す。健康にもよさそうだ。

インゲン豆は一〇〇〇を超える品種があり、英語で「bean」といえばこれを指すほど世界的にメジャーな豆だ。しかし、もともとは南米が原産で、ブラジル人にとっては昔から欠かせない食べ物だった。フェイジョンの始まりは定かではないが、フェイジョアーダはブラジルがポルトガル領になった一六世紀以降に食べられるようになったというから、それ以前からあったのだろう。

＊

フェイジョアーダは奴隷が生み出した料理だというのが定説だ。ポルトガル領になって以降、ブラジルには多くのアフリカ人が労働力として移住させられた。奴隷として過酷な労働を強いられた彼らは、より栄養のある食事にありつくために、主人が食べない肉の切れ端や豚の耳、尻尾などを豆と一緒に煮込んで食べるようになった。それがフェイジョアーダであり、あまりに美味しかったので主人たちも食べるようになって、全国的に広がったとされている。豆は炭水化物やタンパク質、ビタミンなどの栄養素をバランスよく含む栄養価の高い食材。ニンニクはスタミナ源として有名だ。さらに、豚肉は疲労回復に効果のあるビタミンB1を豊富に含むので、フェイジョアーダが奴隷たちの労働力を支えたのもうなずけるし、いまのブラジル人たちの活力の源になっているのだろう。

「休日の食事は家族の時間。だから、いつものフェイジョンより特別なフェイジョアーダを食べる。その大切な食事のために母親は朝からじっくりと煮込む。フェイジョアーダには愛が入っているんです」

イベントにいた男性がそういっていたのを思い出した。そして、何気なく毎日食べていた実家の味噌汁を思い出す。しかし、フェイジョン、フェイジョアーダは、アフリカ系、しかも奴隷だった人びとの料理が、先住民や支配者だった白人、それから日系などほかの移民たちにも受け入れられ、ソウルフードといわれるまでになった。そこにあるのはブラジルの寛容性。これは公園のイベントで食べたほかのブラジル料理にも表れていたように思う。

＊

大泉町のイベント「活きな世界のグルメ横丁」は、毎月第四日曜日（七月、一二月、一月、二月は除く）に開催されている。ステージではサンバのリズムに合わせてド派手な衣装のダンサーが艶やかに踊り、ブラジル料理をはじめ、パラグアイやインド、イラン、果ては日本の焼きそばとバラエティーに富んだ出店が並ぶ。

ブラジルの国旗を掲げた店では牛肉やソーセージを炭火で焼いていた。香ばしい匂いに食欲が刺激される。

「シュラスコですよ」

声をかけてくれたのは、この店でバーテンをしていたブラジルの日系三世の母親とボリビア人の父親を持つ、ブラジル出身の山本俊之さん。シュラスコなら私も知っている。牛や豚、鶏の肉を鉄串に刺して焼く、いわゆる肉の串焼きでブラジルの代表的な料理だ。

「ブラジルでは週末になると家族や友人が集まってバーベキューをやります。そこでシュラスコを食べるんです。イベントに店を出したのも、両親が毎週のようにバーベキューをすることを知っている主催者に出店を打診されたからなんですよ」

毎週末バーベキューをするとはさすが陽気なラテンの国だ。ブラジルから取り寄せたというソーセージをひとついただく。味付けは濃く香辛料も強めだが、肉がむっちりとつまっていて肉汁はジューシー。ブラジルのカクテル「カイピリーニャ」を片手にペロリと完食した。お日様の下で食べるのがまた、いいんだよなあ。

「シュラスコはサーロインのほか、ピカーニャ（ランプ）も人気。ステーキのようにスライスして豪快に焼くんです。ブラジル人は肉が大好き。牛肉はとくによく食べますね」

俊之さんの母親の和子さんが教えてくれた。アメリカの農務省の調べ（二〇一二年）による

＊

と、ブラジルの一人当たりの牛肉年間消費量は三九・九キロで、日本の九・八キロの約四倍におよぶ。

シュラスコの発祥地はブラジル南部の草原地帯。牧畜に従事していた先住民とスペイン人の混血である「ガウーショ」が、牛肉を塊で焼いて食べたのが始まりとされる。ブラジルで牛の牧畜が始まったのは南米に西洋人が入植した一五世紀末以降。牛などの大型家畜は西洋からもたらされたものであり、入植者たちが先住民に牧畜の技術を広めたのだ。

「ブラジル人はお肉を食べないと元気が出ません」

店のそばにいたブラジル北東部出身のオリベラ・ジューシェリノさんが話に加わる。ブラジルには焼きたての肉を次々に持ってきてくれる食べ放題形式のシュラスコ専門店がたくさん存在するが、基本は週末のバーベキューにあるそうだ。

「シュラスコはブラジル人が大好きなサッカーと同じです。みんなネイマール、ネイマールっていうけれど、サッカーは一人じゃできません。一一人が一丸となるから勝てる。シュラスコも、一人で食べても美味しくない。家族や友達などみんなで一緒に食べることが大事なんです。それがブラジル人の心です」

確かにみんなで食べると料理がより美味しく温かく感じる。バーベキューを久しくやってないなあ。カイピリーニャを飲みながらそんなことを思っていると、オリベラさんの友人で日系三世の渡部和明さんが「ブラジルにはスナックもいろいろありますよ」と、新たな情報をくれ

＊

た。

「とくにパステルはみんな大好きですね」

パステルって「なめらかプリン」でおなじみの……じゃないですね。和明さんの話によると、小麦粉を練った生地で具材を包んで揚げた揚げ餃子のようなものらしい。

「家より外で食べることが多いかな。週末などに開かれる青空市場でよく売られています。レストランやバーにもありますよ」

イベントでパステルを出している店があるというので、さっそく向かう。一〇センチ×二〇センチほどの四角い形で、揚げたてだからか真ん中がフワーッとふくらんでいる。サクサクの皮の中には牛の挽き肉と玉ネギを炒めた具が入っているが、塩、コショウとニンニクだけのシンプルな味付け。小腹が減った時に食べるにはちょうどいいお手軽なスナックだ。

「具材は店や家庭ごとにさまざまですが、基本は牛の挽き肉かチーズ。家庭では誕生日やパーティーの時につくるので、少し特別感がある料理です。でも、市場には必ずパステルの屋台があって、子どもはみんなそれを食べるのが楽しみ。私も小さい頃に母の買い物を手伝った帰りにおねだりをして、食べていましたよ」

＊

店でパステルをつくっていたブラジル南東部・サンパウロ生まれの日系二世、安田勝さんが話してくれた。パステルが食べられるようになった経緯については諸説あるが、中国系の移民が許可された一八九二年以降と考えられている。ブラジルに来た中国人があり合わせの材料で春巻きをつくろうとしたのが始まりだという。それが全国的な食べ物になったのは一九〇八年に移民を開始した日本人によるらしい。ブラジルでは一八八八年五月に奴隷が解放された。失った労働力を確保するために政府は積極的に移民誘致を行い、日本からも多くの人が貧しさから逃れようとブラジルに移住した。

「生活も食事も新しい土地に適応するのは難しいことです。その中でシンプルかつ春巻きに似ていたパステルは日本人にも受け入れやすかった。好きな食材を入れて揚げることもできますしね。それで日系人がパステルの店を持つようになって、ブラジル全土に広まっていったといわれています」

市場で食べたパステルは、日本から移住した勝さんのお母さんにとっても特別な食べ物だったのかもしれない。彼女はブラジルで生涯を終えたそうだ。

いっぽうで勝さんはなぜ日本に来たのだろう。

「私が日本へ来たのは一九九一年頃です。当時のブラジルは経済危機の真っ只中だったうえ、政情も不安定でした。街中では喧嘩や銃撃が頻繁に起こって治安もひどかった。そんな時に日本が日系人の受け入れを始めたので、多くの日系人が移住したんです。私もその一人です」

そういえば、山本さん一家もオリベラさんも日本に来たのは同時期だった。一九八〇年代のバブル景気で労働者の需要が高まった日本は、外国人労働者の受け入れを開始。一九九〇年に入国管理法が改正されて、日系ブラジル人が職に就けるようになり、経済が低迷していたブラ

＊

ジルでは日本に移住する日系人が急増した。リーマンショックの影響で減少したものの、現在も約一九万人のブラジル人が日本に居住している。

「大泉町に来たのは二年前です。それまでは埼玉を中心にいろいろな土地に住みました。ここに引っ越したのは家を買うことができたから。ほかの土地ではローンが組めなかったけど、大泉町は外国人を受け入れる体制が整っているんですよ」

それについては、イベントを主催する大泉町観光協会の理事・神保次雄さんが教えてくれた。

「大泉町はもともと三洋電機を中心とした街です。入管法の改正以降、労働者を確保するために日系ブラジル人を積極的に受け入れてきた結果、ブラジル系の店や会社が増えました。しかし、三洋電機はパナソニックに買収されて、大泉の工場も業務を縮小しています。私たちは日本人とブラジル人の関係を良くするとともに、ブラジリアンタウンであることを町興しにつなげようとさまざまなイベントに取り組んでいるのです」

日系人といえど日本の暮らしになじむのは大変で、治安の悪化が問題になったこともある。しかし、ロデイオグリルのマルコさんは、「ブラジル人と日本人が一緒に気持ちよく住める街にするために、NPOを設立して街の掃除をする活動などをしています」といっていた。日本人もブラジル人も自分の住む土地を大事にしたいという思いは同じなのだ。

＊

そうした中で月に一度開催されるイベント「活きな世界のグルメ横丁」は、世代を経て再び〝移民〟として来日したブラジル人たちが、自国の料理を楽しみつつ、その料理を通して日本人と交流する場となっているのだろう。オリベラさんの「みんなで一緒に食べることが大事なんです。それがブラジル人の心です」という言葉が心に響いた。

活きな世界のグルメ横丁
群馬県大泉町観光協会
ホームページ http://www.oizumimachi-kankoukyoukai.jp/glume.html

RODEIO grill／ロデイオグリル 大泉店
群馬県邑楽郡大泉町坂田三-一二-一〇 スーパータカラ店内
☎ 〇二七六-六二-二六〇〇
ホームページ http://www.rodeiogrill.jp/

＊

コリアンタウンを生んだキムチのお話

「あ〜さっぱりした！」

東京・新大久保の路地。女性専用サウナが入った建物から出て体を伸ばす。私は疲れが限界に達すると、癒しを求めてマッサージ店やスパ施設にふらりと出かける。この日は汚れも疲れも落としてやろうと、韓国式アカスリにやってきたのだった。

すっきりしたらお腹が減ったな……。新大久保といえば国内有数の「コリアンタウン」。せっかく来たので辛い料理で精をつけていこう。そう思って近くの韓国料理店に入った。料理を注文すると、まず出てきたのは和え物や漬け物が載ったいくつもの小皿。ミッパンチャンと呼ばれる、日本でいうお通しだ。

料理を待ちながら、小皿に載った白菜のキムチを口に入れた。ピリッとした唐辛子の辛みを舌に感じながらふと思う。

「韓国料理といえば必ずといっていいほどキムチが出てくるなあ。韓国の人にとってキム

＊

チってどんな存在なんだろう」

「食卓にはいつもある」「毎日食べるよ」と店のスタッフ。私の実家の冷蔵庫には必ず漬け物と納豆があるが、そんな感覚なのだろうか……そう考えながらまたキムチを口に入れる。

「韓国人にとってキムチは魂ですね」

後日、私の疑問に答えてくれたのは金根熙《キムクンヒ》さん。新大久保で韓国の料理店やスーパーマーケット、化粧品店などを経営する株式会社韓国広場の代表だ。金さんが新大久保に初めて店を出したのは二〇年あまり前。「当時は韓国人が行く食堂くらいしかなかった」という新大久保をコリアンタウンへと発展させた中心的な人物に、話を聞く機会を得たのである。

「キムチはかつて朝鮮漬けと呼ばれていたように、日本では漬け物と同じものだと思われがちです。でも、韓国人にとってはそれにとどまらない、なくてはならない食べ物なんです」

金さんがいう。キムチは白菜やキュウリをショウガやニンニク、唐辛子などを混ぜてつくるヤンニョム（調味料）で漬けた発酵食品。韓国の専門機関によると、白菜やキュウリ以外にも大根、ゴボウ、サツマイモなどの根菜類にカキ、カニといった海産物と素材も幅広く、その種類は一九〇近くにおよぶという。

「いつも食卓に載っているから小さな頃から自然と食べるようになります。うちの社員の三歳の娘さんも大好きで、『お母さんのように辛いキムチを食べたいから早く大きくなりたい』といってましたよ」

＊

そんな小さい頃から食べるのかと驚くが、キムチには辛くない「白キムチ」という種類もあるという。「キムチは辛いものだと思っていた……」と驚く私に「食べてみますか？」と金さん。そこで、金さんが経営する韓国料理店（現在は閉店）でいただくことにした。

テーブルの上に何種類かのキムチが並べられた。さっそく白菜の「白キムチ」をいただく。発酵しているのでしっかりと酸味があるが、全体的にはあっさり。シャキシャキとした歯ごたえが小気味よく、白菜の甘みが染み出てくる。なるほど、これなら子どもや辛いものが苦手な人も食べられる。

「唐辛子が韓国に伝来したのは一六世紀だといわれています。それ以前のキムチはショウガやニンニクが調味料の中心だったようです」

キムチは高麗時代（一〇～一四世紀）の文献にすでに登場していて、時が流れるにつれて変遷を重ねている。一八世紀後半には塩辛を入れるようになったそうだ。金さんが出してくれた唐辛子入りの白菜キムチにはアミの塩辛が入っていて、その濃厚な旨みが辛みにコクとまろやかさを与えていた。

「塩辛はアミかイワシが多いですね。私はイワシの塩辛が入ったキムチが好きです。ちょっと臭みがあるけれどコクが深い。発酵が進んで酸味が強ければ最高ですね。私の母の味で

＊

す」

金さんがいうには、キムチには一般的に三〇種ほどの材料が使われるという。その種類は家庭によって異なるので、当然、家庭の味というものがある。そして金さんは、その母親のキムチでチゲ（鍋）やチヂミをつくって食べていたという。

「キムチは料理であると同時に食材としても重宝されています。チゲやチヂミはもちろん、炒飯に入れたり、炒めたキムチと豆腐を一緒に食べたりと、キムチを使った料理は何十、何百種類もあるんです」

最近では豚肉のブロックとキムチを炊き込んだキムチチムという料理が人気らしい。しかし、これっていいかえればどんな料理にもキムチを入れちゃうってことではなかろうか。韓国人にとって、キムチは本当に身近な食べ物なのだとしみじみ思う。

「私は経済産業省の外郭団体の研究員として一九八五年に来日し、その後、一橋大学の大学院に入りました。学生なのでゼミ合宿があるんですが、それが大変。たった一〜二泊なのに、キムチが恋しくなってしまうんです。だから帰るとまっさきにキムチを食べ、それからキムチチゲをつくって食べる。日本に住んで三〇年、和食も大好きですが、体がキムチを欲する感覚だけはいまも変わりません」

＊

金さんはキムチチゲを出してくれた。白菜キムチに豚肉や豆腐、ネギがたっぷり入った真っ赤な鍋。スープをすすると一気に汗が吹き出した。

「おおー辛い！」

そういいながらスプーンを持つ手は止まらない。いろいろな具材の旨みが濃縮されたスープのコクと、舌を刺激するほどよい辛さが、暑さでバテ気味の体をシャキッとさせてくれる。汗を拭いながら夢中で食べていると、金さんが笑顔でいった。

「私がいまの商売を始めたのは、日本の人たちにキムチを美味しく食べてほしかったからなんです」

金さんは来日してまもなく、在日を含めた韓国人と日本人の間に溝を感じるようになった。それは歴史に由来する個人同士では解決できない溝だ。両国がお互いの理解を深めるにはどうしたらいいか。それを考えるためにはもっと歴史を知らなければならないと、金さんは大学院に行くことにした。

しかし、論文を書いたところで日本人と仲良くはなれない。そんな悩みを抱えていた時、幼稚園に通っていた息子さんとテレビで日本とアメリカのバレーボールの試合を見る機会があった。試合が始まると息子さんは「ニッポンチャチャチャ！」と、日本の応援を始めたという。

「なぜ日本を応援するのかと聞いたら、『僕は日本で生まれて日本の幼稚園に通っているんだから当たり前だよ』といわれました。そして、『パパはどっちを応援しているの？』と聞き返されました」

金さんはアメリカを応援していた。日本人と仲良くなりたいと思っているのに、歴史が頭を

＊

よぎり、素直に応援する気にはなれなかった。しかし、息子さんにはなぜ父親が応援できない国に住んでいるのかが理解できない。

「それならパパはどこが好きなの、と息子が尋ねてきたので、一番が韓国で二番が日本、三番は中国だと答えました。一番は母国、二番は住んでいる国、三番は中華料理が美味しいからだって」

その自分の言葉に金さんはハッとしたという。

「人間はうれしい時に宴を開くし、悲しい時にも料理を食べ、酒を酌み交わす。そうやって心を通い合わせています。だから論文ではなく、韓国料理を通して日本人とコミュニケーションをとればいいのではないかと思ったんです」

そして、それにはキムチしかないと思ったという。

「直感です。韓国人にとってキムチは単なる食べ物にとどまらない、生活に溶け込んだ文化だからです」

韓国の冬は寒くて厳しい。昔はいまのように簡単に野菜を手に入れることもできず、越冬用の漬け物をつくるようになった。やがて唐辛子が伝来し、中国から白菜が入ってくると、一一〜一二月にかけて家族や親族が集まって大量にキムチを漬ける「キムジャン」が風習化した。そうやってキムチの味は母から子へと受け継がれる。このキムジャン文化はユネスコの無形文化遺産に登録されている。

＊

「新大久保に食材店を出す時、三段階の目標を持ちました。まずは、この街をウィンドウ（窓）にする。日本に向けて開いている韓国の窓です。その次はプラザ（場所）です。この場所で韓国の文化を体験してもらう。そして三段階目がポート（港）。新大久保が韓国に入る港であり、日本に入る港である。キムチを通してそんな場をつくりたいと、いままでやってきたんです」

二〇〇二年に日韓共催のFIFAワールドカップがあり、二〇〇四年に冬ソナブーム、その後にK-POPが流行した。店舗展開を広げていた金さんに追随するように韓国系の店が増え、新大久保はどんどん活気づいていった。波はあるものの、両国の距離も縮まっていると金さんは感じたという。

金さんが店を出した時、キムチはそれほど世の中に浸透していなかった。しかし、いまでは日本の食卓にもキムチが載るようになった。金さんによると韓国からの輸入は一割程度しかなく、ほとんどが日本でつくられているそうだ。私がキムチ納豆が好きだというと、「発酵食品同士ですごく体にいいですね」と金さんは笑った。互いが理解を深め、いい効果を生み出すことを金さんは願っている。

韓国広場
ホームページ http://www.ehiroba.jp/

＊

ミャンマーの朝ごはんはナマズのスープ

「今日は贅沢に三匹使いましょう」

その言葉に導かれて鍋を見た私は、思わず「うおっ!」と声をあげてしまった。鍋の中にぬるりと横たわっていたのは全長五〇センチほどのナマズ。内臓が抜かれた状態ではあるものの、黒々とした姿はなかなかグロテスクで川魚特有の泥臭さも漂う。

私は東京・高田馬場にあるビルの一室にいた。たじろぐ私の前でナンプラーに塩、ターメリックをナマズに揉み込むのはミャンマー人のマへーマーさんだ。

学生街として知られる高田馬場だが、近年、在日ミャンマー人が増加。高田馬場から西武新宿線で二駅目の中井にミャンマー人が営む寺院がつくられたことから、中井周辺にミャンマー人が集まり、やがて利便性の高いこの街に移ってきたようだ。ミャンマーの料理店や食材店も点在し、巷では旧首都で同国最大の都市の名を取って〝リトルヤンゴン〟とも呼ばれている。

ミャンマーのソウルフードに出会うならこの街だろう。そう思って訪ねたのは「日本ミャン

＊

マー・カルチャーセンター」。ミャンマー語や竪琴の教室を開催するほか、ミャンマーと日本の文化交流も行うミャンマー人の拠り所だという。そして、センターを主宰するマヘーマーさんにソウルフードについて伺ったところ、なんとつくってくれることになったのだ。

「臭いでしょう？」

しかめ面の私を見て微笑むマヘーマーさんは、「これで臭みを消すんですよ」とレモングラスを鍋に入れた。そこへ少量の水を入れてナマズを蒸し煮にする。何をつくるのかと尋ねると、マヘーマーさんは鍋を火にかけてからいった。

「モヒンガーです」

名前だけではまったく想像できないが、「モ（モウン）」には「お菓子」という意味があるらしい。ナマズでお菓子をつくるのか、と浜松名物「うなぎパイ」を連想したが、「朝ごはんやおやつに食べる料理ですよ」という。どうやら軽食という意味を含むようだ。

「モヒンガーは麺が入ったナマズのスープです。ミャンマーには一三五の民族がいてそれぞれの文化や料理があるけれど、モヒンガーは全国共通。みんな大好きで毎朝のように食べるんですよ」

マヘーマーさんは私に説明しながら、テーブルに玉ネギ、ショウガ、レモングラスなどの食材を並べていく。

「わあ、今日はバナナの茎もあるんですね！」

＊

屈託のない笑顔で話すのは、モヒンガーづくりを手伝いにきてくれたピューさん。日本の大学で経済を学ぶ留学生だ。手元には直径五センチほどの太くて白い長ネギのような食材があった。これがバナナの茎だという。鼻を近づけるとほんのりとバナナの匂いがするが、これも臭みとりに使うのだろうか。

「いえいえ、食べるんですよ。モヒンガー以外の料理には使いませんが、甘みが出て美味しくなるので欠かせないんです。ミャンマーでは家の庭や近所にバナナが生えているのですぐ採ってくることができるけど、日本では手に入らないので、今日はうれしくて」

バナナは大きいと一〇メートルくらいまで伸びるので木のようだが、実は常緑多年草で、木でいう幹の部分が茎にあたる。ナマズに加えてさらに未知の食材が……と思いつつも「エイヤッ」とかじってみると、固い繊維質で甘くないサトウキビのようだ。全く噛み切れない。

「あ、生では食べないですよ」

ピューさんにさり気なくツッコまれた。煮るととてもやわらかくなるらしい。そこへ、マヘーマーさんが蒸し上がったナマズを持ってきた。レモングラスのおかげで臭みも気にならない。

「これから皮と骨を取ってすり身にします。本来は骨も砕いて入れますが、今日はフードプロセッサーがないので取り除きましょう」

マヘーマーさんはそういって、やはり手伝いにきてくれたニニさんと一緒に小骨を取りながら丁寧にほぐしていく。

「ナマズのすり身がモヒンガーの決め手です。なめらかにするためには身をほぐして、さらにすり潰さないといけません。ナマズは高級なので他の魚でつくることもありますが、やっぱりナマズが一番。ミャンマー人にとって魚といえば川魚で、海の魚はあまり食べないんですよ」

ミャンマーは海に面しているので意外だったが、国土の中央を南北に貫流する大河、イラワジ（エーヤワディ）川を中心として数々の王朝が生まれた。流域の肥沃な土壌で作物をつくるなど、川の恩恵を受けてきたミャンマーの歴史を考えると合点がいく。

それにしても、料理はまだ下ごしらえの段階。モヒンガーはものすごく手間がかかるようだが、これを毎朝つくるのだろうか。

「家でつくるのは誕生日や冠婚葬祭など特別な時で、ふだんは専門の屋台で食べるんですよ。屋台は街のあちこちにあって、みんなお気に入りの店に行くんです」

マヘーマーさんのその言葉にピューさんが続く。

「私の家では毎週休みの日にお母さんがつくってくれました。美味しい屋台もあるけれど、やっぱりお母さんの味にはかなわない。だからすごく楽しみにしていて、つくる時は手伝ったりもしました」

「私は誕生日になると家族みんなが早起きしてつくってくれたわ」とマヘーマーさんも懐か

＊

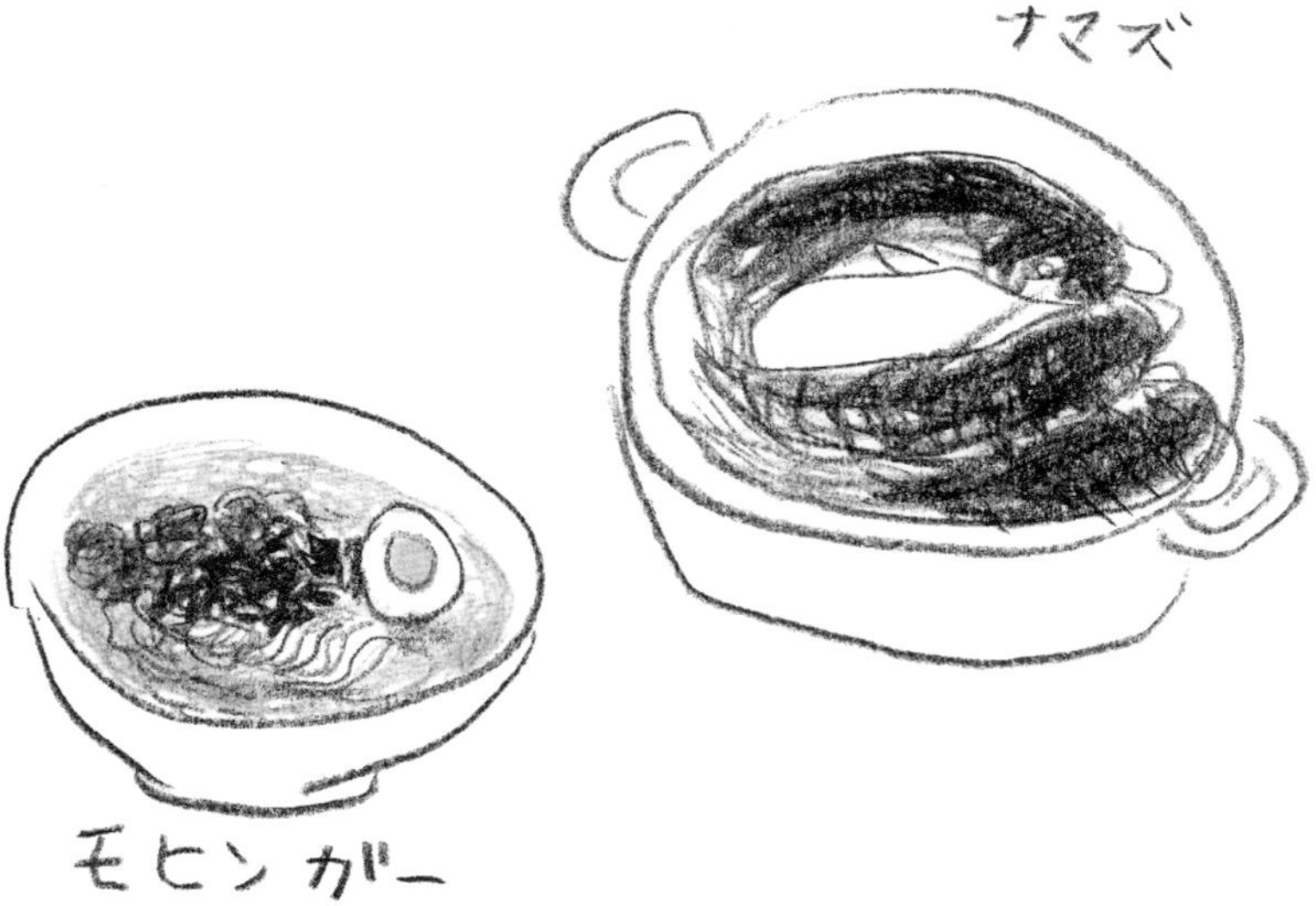

しむ。日常的に食べるのに、ハレの日の料理でもあるなんて本当に愛されている。

そうこうしているうちに、いよいよスープづくりが始まった。まず具材を炒めるのだと、マヘーマーさんは熱した鍋に油を……底に二センチは溜まるくらいなみなみと投入した。入れすぎじゃないか？

「ミャンマー料理は油をたっぷり使うのが基本なんですよ」

食材の旨みが染みこんだ油が美味だとされる文化があるらしい。みじん切りにした玉ネギを香ばしくなるまで炒めて、ショウガ、レモングラス、バナナの茎を加えていく。パプリカ、ターメリック、塩で風味付けをしてから、ナマズのすり身を入れた。全体によく火が通ったところで水を入れてじっくり煮込む。

ここでようやく麺が登場。モヒンガー用の

＊

麺はモンパといって、見た目は素麺のようだが、原材料は米だそうだ。モンパを皿にとりわけながらマヘーマーさんが説明する。

「ミャンマーでは専門店で生麺を購入しますが、日本にはないので今日は輸入品の乾麺を水でもどして茹でています。でも輸入品は高いので素麺で代用することが多いですね」

いい匂いが漂ってきた。最後に米粉を水で溶いたものでとろみをつけて完成だ。調理を始めてから二時間半。本来はもっと煮込んだほうがよいそうだが、お腹はペコペコである。モンパにスープをかけ、鶏の卵やパクチー、揚げたニンニク、レモンを載せる。

「ミャンマーでは鶏ではなく、アヒルの卵を載せます。それからヒヨコ豆の揚げ物。これは私のお母さんの手づくりです」

ニニさんがバッグから揚げ物を取り出した。ヒヨコ豆の揚げ物はスナックとしてもよく食べられているそうだ。この他に夕顔の実を揚げたものやさつま揚げのような練り製品を載せたりもする。屋台では好きな物を選んでトッピングする仕組みだという。

「モヒンガーはスープなので麺も具材のひとつ。すすったりはしないでスプーンで細かく刻んで食べるんですよ」

そう教えられて皿の上でモンパを刻んだ。さあ、やっと食べられるぞーと口に入れると、ぱあーっとレモングラスの香りが広がる。臭みはなく、スープの味わい深いこと。ナマズの旨みがぎゅうっと絞り出された感じだ。それでも口当たりがくどくないのはショウガやバナナの茎が入っているからだろうか。スープを吸ったモンパもふくよかだ。お腹が空いていたこともあってついかきこんだ。

しかし、ナマズのせいか、はたまた油のせいか、なかなかパンチがある。次第に胃がずっしりとしてきた。直径約四〇センチの大鍋になみなみとつくったモヒンガーは優にどんぶりで一〇人前はありそうだが、「これでだいたい四人分ですね」とピューさん。このパンチでこれだけの量を毎日、しかも朝から食べるとはミャンマー人はパワフルだ。

「日本だとたまにインスタントを食べる程度。みんなでつくって食べるのはやっぱり楽しいし、美味しい」

お代わりをしながらピューさんがいう。ミャンマー人は日本でも基本的に故郷の料理をつくって食べるが、食材が揃わず時間もかかるモヒンガーはあまり食べることができないそうだ。

「今日はナマズにモンパ、バナナの茎が揃って本当にラッキー。どれも日本では毎日手に入るものではありませんから」とマヘーマーさんが笑う。私も本場の味が体験できてラッキーだ。しかし、バナナの茎などというマニアックな食材をどこで入手するのだろうか。尋ねると高田馬場にはミャンマーの食材店が軒を連ねる場所があるという。そこで、食後に連れていってもらうことにした。

＊

やってきたのは高田馬場駅の前に建つ黒いビル。地上一一階建ての「タックイレブン高田馬場」だ。このビルに入っている食材店がミャンマー人たちの胃袋を支えているという。

一階に「ノング インレイ」というミャンマー料理店があるが、食材店は上層階。ビルの案内板を見ると、ミャンマー語とおぼしき文字が五階、八階、九階……あちこちにあるじゃないか。

「これ、ほとんどが食材店なんですよ」

案内してくれたピューさんが教えてくれた。このビルには七〜八軒のミャンマー食材店が入っているほか、ミャンマー人が経営するマッサージ店なんかもあるらしい。ピューさんに導かれながらエレベーターで八階に向かう。廊下に立つと、その光景に思わず目を見張った。フロアには部屋が八つほどあるのだが、半分以上のドアにミャンマー語や英語の案内が表記されている。まさにリトルヤンゴン！

どの店も五〜六坪の広さで、麺や調味料、ポップな袋のインスタント食品などが所狭しと並んでいた。冷蔵庫の中には野菜や肉もある。初めて見るものばかりだが、どれもミャンマー人に馴染み深いものだという。中でもとくに好んで食べるものはあるのだろうか。

＊

「ラペソーは欠かせません。どの店でも必ず売っていますよ」

ピューさんによると、ミャンマーの言葉でラペは「茶」、ソーは「湿っている」という意味だという。「お茶ということは、毎日飲んだりするんですか？」と聞くと、「飲むんじゃなくて食べるんです」とピューさん。

「えっ、食べるお茶?」

驚く私を見て、ピューさんは透明の袋に入った商品を手にとった。黒みがかった高菜の漬け物といった感じだろうか。

「そうそう、日本の漬け物に似ています。茶葉をじっくりと発酵させているんです。おかずとしてはもちろん、お客さんが来た時に緑茶やミルクティーと一緒に出したりもしますよ」

お茶を飲みながら茶葉を食べるのも不思議な感じだが、ラペソーを置いていない家はないそうだ。つくりかたは、茶葉を蒸すか茹でるかしたあと、壺などに入れて重い石を載せ数週間、長いものでは一年寝かせて発酵させる。それに味付けをするのだが、手間がかかるため市販のものを購入することが多く、メーカーもいろいろあるという。

「発酵させた茶葉だけを購入して自分で味を付けたりもしますよ」

そう教えてくれたのは、九階にある食材店「マザー ハウス」のザニミィンさん。

「すり鉢にゴマ、塩、唐辛子、うま味調味料を入れてすり混ぜ、茶葉と和えます。辛いのが苦手な人は唐辛子は入れません。そのほか、レモンをかけたり、ニンニクを入れたり、自分の好みで味付けをするんです。ミャンマーにいた時は週に四回は食べていました」

おばちゃんたちがちょっと集まって世間話をする時は誰とはなしに出してくるし、神事でのお供えや冠婚葬祭にも欠かせないらしい。

味が付いたラペソーを一口いただいた。ふわーっとお茶の香りが漂ったあと、発酵による酸

＊

味と唐辛子の辛みが舌を軽く刺激する。葉にしてはけっこう固めで、さっぱりとした甘みとほのかな渋みがあり、後味はほろ苦い。確かにお茶請けによく、祖父母の家のテーブルにいつも漬け物があったことを思い出す。あれを食べると「ああ、田舎に来たなあ」と実感したものだ。

「ラペソーはほかの食材と混ぜて食べることも多いんです。ラペソーの混ぜご飯は食堂にもよく置いてありますし、トマトやキャベツと和えてサラダにして食べたりもします。でもアジョゾンを混ぜるのが一番ポピュラーかな」

アジョゾンとはヒヨコ豆やピーナッツなどいろいろな豆を揚げたもので、やはりお昼やおやつでよく食べるものらしい。ラペソーに別の食材を混ぜた料理は総称して「ラペットゥ」というそうで、ザニミィンさんがアジョゾンのラペットゥを特別につくって出してくれた。

ラペソーとアジョゾンそれぞれの味と食感が折り重なった豊かな風味。ピリ辛で少々濃いめの味が後を引き、ご飯のおかずにもぴったりだ。

茶は製造方法や発酵度によって緑茶や紅茶、青茶（ウーロン茶）などに分けられるが、もとは同じツバキ科のチャノキの葉。その起源は中国南部の雲南省辺りだといわれ、ラペソーも雲南省付近で食べられていたのが国境を接するミャンマーに伝わったのではないかと考えられている。実際、お茶は雲南省やタイの北部でも食べられているという。

＊

一緒に店番をしていたイェマンアウンさんがお茶を出してくれた。ラパイェというコンデンスミルクを入れたミャンマー式の甘いミルクティーだ。ピリ辛おつまみとミルクティーを口にしながら談笑するうちに、二人がピューさんと同じように留学生であることを知った。

「私はコンピューターのプログラミングを学びに日本に来ました。卒業後も日本の企業で働き、その技術をミャンマーで活かしたいと思っています」とイェマンアウンさん。いっぽう、ザニミィンさんは日本の言葉や文化に興味を持ったのがきっかけで経営学を学んでいる。

二〇一一年、ミャンマーは長らく続いた軍事政権から民政移管を果たした。その後、次々に打ち出された経済改革によって海外企業の投資先として注目されるようになり、日本の企業も次々と進出している。以前は難民や出稼ぎ労働者として日本にくるミャンマー人がほとんどだったが、いまはビジネスを視野に入れて来日する若者も増えているようだ。

だが、故郷の食を求める心はみんな同じ。二〇〇〇年頃に来日した他の店のミャンマー人によると、当時このビルには食材店が一軒しかなかったが、ミャンマー人がその店を頼りに集まってきたので次第に増えていったそうだ。そしていま、ザニミィンさんたちもこの近くに住み、学校が休みの日は店番をして過ごす。時に、私のような来訪者とラペソーを食べながら。

「美味しかった」とお礼をいうと、ザニミィンさんもイェマンアウンさんも屈託のない笑顔を見せた。この街にはミャンマーの人たちを笑顔にする故郷の食がある。それこそが〝リトルヤンゴン〟と呼ばれる理由なのだろう。

＊

日本ミャンマー・カルチャーセンター
東京都豊島区高田三-一三-六 GRACE高田馬場四〇三
☎ 〇三-三九八〇-七一五二
ホームページ http://www.xn--1dkbm8d2b2649g.com/
※モヒンガーは特別につくっていただいたもので、こちらでは食べられません

MOTHER HOUSE／マザー ハウス
東京都新宿区高田馬場二-一九-七 タックイレブン高田馬場九〇二
☎ 〇三-六二七三-九九三六
ホームページ http://www.mother-house.tokyo/shop_jp/

＊

アメ横の地下に広がるエスニックマーケット

師走のある日、私と編集者のTさんは東京・上野のアメヤ横丁に立っていた。お正月の買い出しに来た人びとで賑わう様子が年末の風物詩にもなっている商店街だ。魚屋や乾物屋の威勢のいい声が飛び交う通り。とはいえ、この日の目的はカニでもタイでもなかった。ごった返す人をかき分け、商店街の真ん中あたりにある「アメ横センタービル」へと向かう。

実はこのビル、首都圏に住む外国人の間ではかなり有名らしい。日本のキッチンではあまりお目にかかれない外国の食材や調味料が豊富に揃い、多くの外国人が故郷の味を求めて買い物に訪れているというのだ。そんなおもしろそうな場所を見ないわけにはいかない、ということで買い物にやってきたのである。

＊

ビルの地下一階に海外の食材を売る店が集まっていると聞き、建物の中に入って階段を下りる。まず、目に飛び込んできたのは山積みにされたココナッツやパパイヤの実だ。顔を上げると奥の棚には赤や黄色、緑のポップなパッケージの缶詰めや袋が並び、向かいの魚屋では旬の上海ガニが大量に売られている。そして、アジアや南米、アフリカの人たちとおぼしき買い物客。一瞬にして異国の市場に迷い込んでしまったようだ。

「うわー、カエルの肉も売ってますよ！」

前を歩いていたTさんが声を上げる。どれどれと見に行くと、隣で長ネギのような野菜を手に取る女性がいた。何の野菜か尋ねると、「パンダンリーフというハーブですよ」とフィリピン出身だというその女性、Mさんは教えてくれた。

「お米に入れて炊くといい香りがするんです。ほかでは手に入らないので買いにきました」

パンダンリーフはほんのりと甘い匂いがした。ほかにもちまきに使うなど、フィリピンやマレーシアでよく使うハーブのようだ。

「ここはフィリピンの食材が豊富。神奈川に住んでいるので月に一度くらいだけど、いろいろ買い込んでいくんです」

Mさんは魚やバナナ、フルーツ缶などを次々とカゴに入れていく。

「今日はブコサラダをつくるのよ」

「ブコ」とはココナッツのことで、ブコサラダはココナッツといろいろなフルーツを生クリームやコンデンスミルクで和えたもの。サラダというよりデザートのようだが、フィリピンではとてもポピュラーな食べ物らしい。

「ふだんもよく食べるし、正月とか特別な日にもつくります。仕事で疲れたあとに食べると

＊

最高！　ここはココナッツもあるし、ナタ・デ・ココの瓶詰めもいろいろ揃っているので、遠くても買いにきちゃうんです」

笑顔のMさんは緑色のシロップに漬かったナタ・デ・ココをカゴに入れた。ずいぶんとにぎやかな色のサラダだ。

「青森や福島から来るお客さんもいますよ」

食材店「新井商店」の新井一博さんが教えてくれた。フィリピン、タイの食材や調味料を中心に扱う店として全国的に有名らしい。売れ筋商品を尋ねると「シニガンが人気ですね」と新井さん。フィリピンで全国的に食べられているスープの素だというので、とりあえず購入してみる。そこへ、いつのまにか他の店にいっていたTさんが戻ってきた。

「巨大なバナナを発見しました。普通のバナナの二倍はあります」

連れて行かれて驚いた。Tさんの言う通り、長さが四〇センチ近くもあるのだ。

「それはツンドクバナナといって調理用のバナナだよ。アジア人はもちろん、アフリカ人にも人気だね」

世界各国の香辛料などを販売する「野澤屋」の店長・杉浦康雄さんが教えてくれた。なるほど、アフリカにはバナナを主食にする国も多い。普通のバナナと食べ比べてみようとこれも購入する。

「うちはスパイスだけでも約二〇〇種類。商品全部だと一〇〇〇種類くらいあるかな。アジ

＊

アだけじゃなく、南米やアフリカの食材も扱っているので客層が幅広いんだよ」

そういって杉浦さんは「これ何だかわかる？」と葉物野菜を手にした。

「パクチーですか？」

「そうそう、パクチー。でもポップにはパクチーのほか、漢字で香菜、英語でCORIANDER、それからバングラデシュの言葉と、四つの言葉で表記しているんだ。いろいろな国の人が買い求めにくるからね」

二〇年余り前、日本で初めてパクチーを店頭販売したのがこの野澤屋だそうだ。

「もともとうちはコノワタや数の子といった高級珍味を扱う店だったんだけど、一角に少しだけ香辛料を置いていたら、それを目当てに外国人のお客さんがたくさん訪れるようになった。そのうち彼らから、あれはないか、これはないかと問い合わせを受けるようになって、入荷するうちに輸入食材店になってしまったんだよ」

杉浦さんは笑いながら教えてくれた。先ほどの新井商店も、昔は魚や肉、漬け物を中心とした店だったそうだ。

＊

外国人が多く訪れるようになった理由はアメヤ横丁の歴史にもあると思われる。アメ横は戦後に生まれた闇市が発展した商店街だ。そこでは在日の中国人や韓国・朝鮮人なども商売をしていて、自ずと外国人が集まってくるようになった。やがて建物は整備されたが、彼らは上野に留まり、文化を形成していった。アメ横の近くには、韓国料理店や民族衣装を扱う店などが軒を連ねる通りもある。

アメ横センタービルの地下街は、そうやって上野に集まってくる外国人の要望を受け入れるうちに発展したのだろう。そしていまや日本に住む外国人が故郷の味を手に入れるための大事な場所となっている。

「これ、なんかすごそうですよ！」

Tさんが瓶詰めを持ってきた。今日のTさん、生き生きしている。しかし、瓶を手に持って一瞬固まった。食べ物とは思えない灰色のどろどろとした物体が入っているのだ。「なにこれ……」とラベルを見ると「臭豆腐」と書かれていた。ああ、臭豆腐なら知っているぞ。台湾の屋台街に必ずある豆腐料理で、クサヤのような独特の臭さとクセが人気のB級グルメだ。それとは見た目が違うから調理する前のものかもしれないな。おもしろそうなのでこれも購入した。

家に持ち帰り、さっそく味見&料理開始。まず、ツンドクバナナをTさんが口に入れた。

「渋い!!」

のけぞるTさん。驚きつつも私も一口。うわっ、確かに！　バナナの香りがほんのりするものの甘みはなく、口が軽くしびれた。うっかり渋柿を食べてしまった時のがっかり感が襲ってくる。

そこで素揚げしてみることにした。以前、エスニックレストランで揚げバナナには調理用の甘くないバナナを使うと聞いたことを思い出したからだ。揚げたバナナからは渋さが消えてい

＊

た。サツマイモの天ぷらのようにホクホクで香りも際立っている。塩をつけると甘みが増し、Tさんは一転して「美味しい」とぱくぱく食べている。

続いてフィリピンのスープ「シニガン」をつくってみた。フィリピン人の友人、ネネさんにつくりかたを聞いたところ、具材を煮てスープの素を入れるだけでいいようだ。最近はフィリピンでもスープの素を使うほうが主流なようで、「簡単だし、野菜がたくさん食べられるのがいい」とネネさん。具は地方によって異なり、野菜はその土地で採れるものを使うことが多いそうだ。今回はエビと大根、オクラ、玉ネギ、トマトなどを入れた。

グツグツと煮立ったシニガンを味見すると、すっぱい……。エビや野菜の旨みが出ているものの、けっこうな酸味だ。

「フィリピンは暑いし、炒め物やココナッツを使った油っぽい料理が多いので、さっぱりしたシニガンが人気なんです」

ネネさんが教えてくれた。タマリンドやライムなどの果実が酸味の秘密らしい。

「私は月に二回ほどつくります。たくさんつくって二〜三日食べる。二日目が味がしみこんで美味しいですよ」

やっぱり汁物は二日目よね。さあ、そして最後は臭豆腐だ。Tさんが軽快にフタをまわす。

「くっさー!!」

叫ぶと同時に下水道のような、何かが腐敗したような臭いが脳天を貫いた。

＊

「なんだこれー、食べ物の臭いか⁉」

いい大人が大騒ぎである。

要は発酵食品なのだが、家の中に臭いが充満し、もはや鼻を洗濯バサミで止める事態。とてもこれでは食べられない。インターネットで検索すると「揚げる」と書かれていたので揚げてみた。揚げバナナのように変わるだろうか。しかし、どろどろの豆腐は揚げることでさらにどろどろし、台湾で見た臭豆腐とはまったく違う。こうなったら仕方がない。意を決して口に入れる。

「しょっぱい‼」

渋いやらすっぱいやら今日は忙しい。臭豆腐はとても塩辛いが、よくよく味わうとコクがあって濃厚なチーズのようだった。だがやっぱり猛烈に臭く、吐き気をもよおしてきたのでそれ以上は断念。こうして味見&料理会はまさかのギブアップで終了した。

後日、臭豆腐について台湾観光協会に問い合わせた。すると予想外の返事が……。

「台湾では臭豆腐を瓶詰めにすることはありません。チーズのような感じでもないし、それは臭腐乳ではないですか」

臭豆腐は納豆菌などで発酵させた漬け汁に豆腐を漬け込んだもの。いっぽう、臭腐乳は豆腐にカビを繁殖させ、さらに塩水の中で発酵させるもの。似て非なるものである。

慌ててラベルを見ると「臭豆腐」とは書かれているが、製造地は北京だった。中国の一部で

＊

は臭腐乳を臭豆腐と呼ぶようだ。苦しい思いをして食べたのに違う食品だったとは……。ちなみに中国では珍味としてお酒のつまみにチビチビ食べたり、お粥の中に少し入れて食べたりしているらしい。濃厚な味わいにヤミツキになる人もいるとか。外国の料理はまだまだ未知数。だからこそ、ソウルフード探訪はおもしろい。ただ、臭いのはもうコリゴリだけど。

アメ横センタービル
東京都台東区上野四-七-八
ホームページ http://www.ameyoko-center-bldg.com/
※食品街は地下一階

＊

やっぱり主食

一度に一〇枚食べちゃうスリランカのクレープ

「ホッパーって知ってますか？」

打ち合わせに訪れた喫茶店で席に着くや否や、編集者Tさんが尋ねてきた。

「……『イージー・ライダー』ですか？」という私の言葉にかぶせるように「デニス・ホッパーじゃないです」と制してTさんは話を続ける。

「スリランカの〝おふくろの味〟らしいんです」

とあるレセプションに居合わせたスリランカ大使館のスタッフが、祖国を思い出すソウルフードだと教えてくれたという。

「日本ではつくっているスリランカレストランが少なくて、あまり知られていないようです。でも、代々木公園で開催される『スリランカフェスティバル』で食べられるそうなので行ってみませんか？」

＊

インド半島の南東にある島国だけに、食べ物といえばいわゆる「カレー」のイメージしかない。ホッパーという名だけで想像もできない料理を探すのもおもしろそうだと出かけることにした。

東京・原宿駅から歩いて五分ほどの会場は、スリランカ料理の屋台を中心に特産物を販売するブース、伝統医学のアーユルヴェーダや占いのブースが軒を連ね、多国籍の客で大賑わい。「まずはホッパーとは何か、聞き込みをしましょう」と、セイロンティーの試飲を楽しむ私の腕をTさんが引っ張り、やってきたのが大使館のブースだ。

「ホッパーはお椀型のクレープのような料理です。朝ごはんで食べることが多いですね」

そう教えてくれたのは青いサリーがよく似合うルワンティさん。ホッパー（スリランカのシンハラ語の発音ではアーッパ）はスリランカ全土、どこの地域の人でもみんなが好きな国民的料理だからぜひ食べてみてほしいという。お椀型のクレープって？　いまいちピンとこないま、ブースを一つひとつ確認して歩く。

「あ、あれじゃないですか!?」

指し示すTさんの指先にいたのは二人の女の子だった。確かに手にお椀型の料理を持っている。

＊

「今日はホッパーを食べにきたんです」

スリランカからの留学生、イーシャさんとサンジさんは笑顔で答えてくれた。

「日本に来る前に食べて以来、一年半ぶりなのでうれしくて。故郷が懐かしくなってしまいました」と、手に持つホッパーを見せてくれた。

それはクレープっぽい生地をお椀にはめ込んで型をとったような見た目をしていた。生地は薄いがお椀の底にあたる中心部だけふっくらと盛り上がっていて、全体的に漂う甘い香りは、そう、ココナッツだ。さっそく自分でも購入して食べてみた。ホットケーキのように甘いのかと思いきや、素朴な塩味。でも、その中にほんのりとココナッツの甘みがあってなんだかやさしい。

周りはパリパリとして香ばしいのに、中心部はもちっとした蒸しパンのようで、二つの食感が楽しめるのもおもしろい。ぱくぱくとほおばる私たちを見て「美味しいでしょう」とイーシャさんが微笑む。

「カレーなどをつけて一度に五〜六枚、多い人は一〇枚くらい食べちゃいますね。真ん中に卵を落として半熟にし、ホッパーと卵をからませて食べる『エッグ・ホッパー』も人気です」

主食のひとつという感じだろうか。それにしても、どうやってこのかたちにするのだろう。

というか、なんでこのかたち？

「専用のお鍋があるんです。ホッパーはお米の粉を使うんですが、材料も鍋も日本ではなかなか手に入らないので、つくることができないんです」

スリランカではどの家庭にもホッパー用の鍋がある、とサンジさん。そして、朝起きると母親が焼いてくれるのだという。

＊

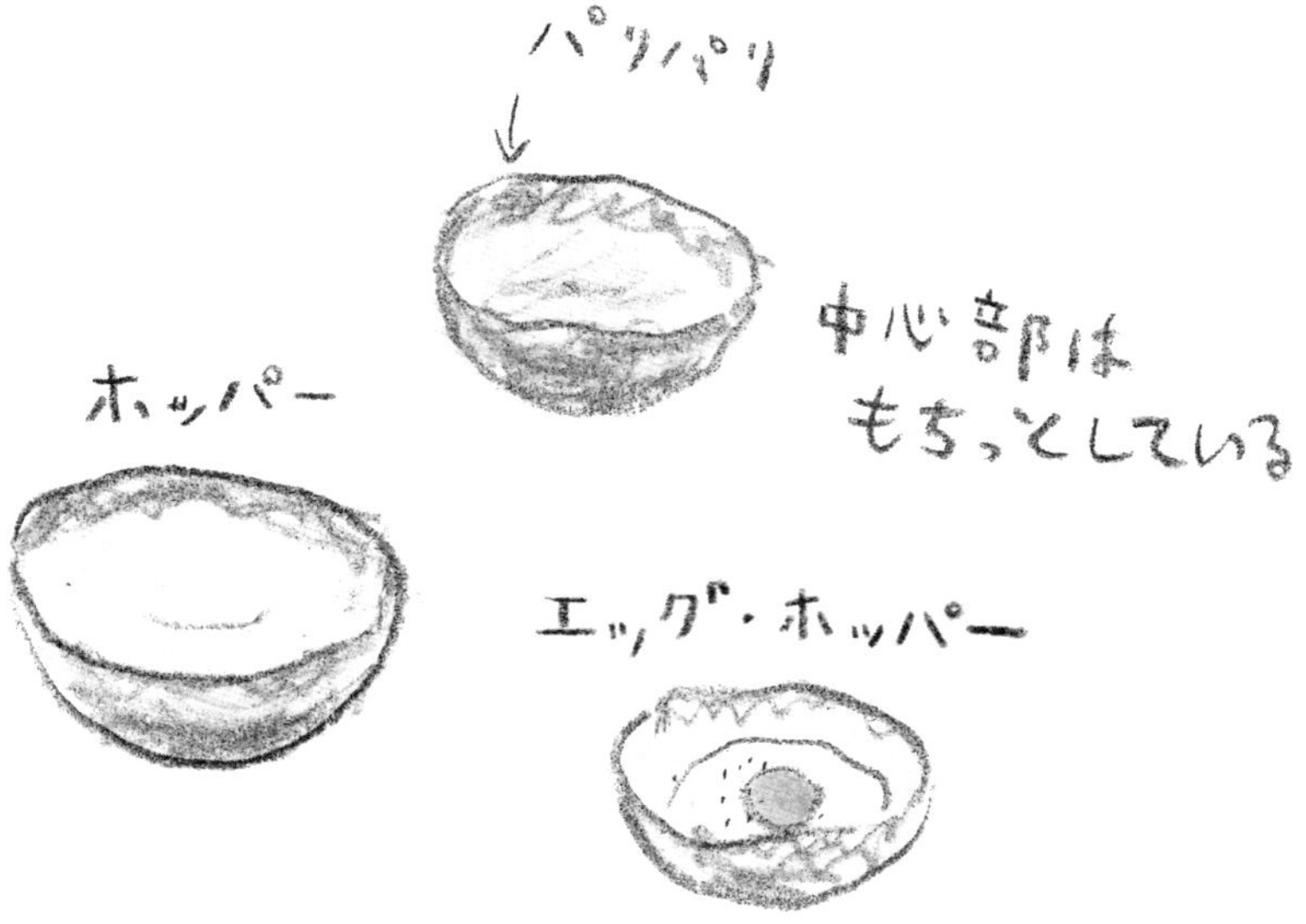

そこで、フェスに出店していた東京・中目黒のスリランカレストラン「セイロンイン」の店長でスリランカ南部ゴール出身のアジットさんに、専用鍋を見せてもらった。専用鍋「アーッパ・ターチ」は直径約一五センチのまさにお椀型。これにクレープのように薄く生地を引いて焼くのだが、くぼんでいる真ん中に生地が集まるため、周りは薄くパリパリに、真ん中はふんわりと仕上がるのだという。

「この食感が大事なんです。専用鍋がないとこの食感は生まれません」

アジットさんがいう。ほかには使い道がなさそうな鍋をどの家庭も持っているというのだから、本当に生活に溶け込んだ食べ物なのだろう。大阪人の多くが持っているというたこ焼き器に近いかもしれない。アジットさんはつくり方も教えてくれた。

＊

「まず、お米を砕いて粉状にします。そこにココナッツミルクと塩を混ぜ、ココヤシの樹液でつくったにごり酒を入れて発酵させる。発酵は五時間、長くても短くてもだめです。ふっくらとしないし、酸味も出ませんから」

すごくシンプルに見えて、手が込んでいることに驚いた。発酵が必要なのはパンと同じだけれど、米粉を使うのは米が主食である国だからこそか。紅茶のイメージが強いスリランカだが、農作物の生産量は年間三三八万トンと米が最も多く、茶三四万トンの約一〇倍にもなる（FAO、二〇一四年統計）。ほかにも、米粉を麺状にして蒸した「ストリング・ホッパー」などさまざまな食べ方があるという。

「米の種類もたくさんあります。ホッパーにはラトゥキャクルハール（赤い米）を使うことが多いですね。ビタミンB群が豊富で健康にもいいんですよ。一度、日本のお米でつくってみましたが、ねっとりして上手に焼けなかったので、ラトゥキャクルハールの粉を取り寄せてつくります」

ココナッツもまた大切だとアジットさんはいう。ココナッツが実るココヤシは熱帯アジアからオセアニアに広く分布し、スリランカでは紅茶、ゴムとならぶプランテーション作物として発展した。現在でも米に続く生産量を誇り、主要な輸出品のひとつでもある。ちなみに、かの亀の子束子《たわし》はスリランカのココナッツの繊維が使われているそうだ。

「スリランカではホッパーだけでなく、カレーやお菓子など多くの料理にココナッツが使われています。油や酢もつくるし、繊維は束子に、ココヤシの葉は屋根に利用される。スリランカ人にとって欠かせないものなんです。都市部以外の家はどこも庭にココヤシの木があるんですよ。私も母親に持ってきてといわれると、庭に行ってもいでいた。そんなフレッシュなココナッツは他では食べられません」

ココヤシのにごり酒にしても日本では手に入らないから重曹で発酵させているというが、そうすると独特の酸味が出ないらしい。

「日本で本物のホッパーをつくるのは難しい」

アジットさんはさみしく笑う。そのためセイロンインでもメニューには置かず、材料が揃う時のみ出しているという。

「弱火で焼くから時間もかかる。最近はスリランカでも家でつくらずに専門の店で買う人が増えたけど、母親が米を砕き、庭のココナッツミルクを使って一枚一枚焼き上げたあの出来たての味に勝るものはありませんね」

アジットさんが焼き上げたホッパーにはカッタサンボルが添えられていた。玉ネギ、モルディブフィッシュの削り節、唐辛子、ライムを細かく刻んで混ぜたふりかけのようなものだという。モルディブフィッシュはカツオの一種なので、いわばスリランカの鰹節だ。

「ホッパーはカレーと一緒に食べたりもしますが、カッタサンボルを載せて食べるのが定番です」といわれて食べてみる。ふりかけというには水気が多く、ピリッと辛さが強い。だがそ

＊

れがココナッツの甘みと合わさるとさっぱりする。そして、最後にココナッツと鰹節の風味が残る。

材料が揃った時だけしかつくれないアジットさんのホッパーだが、在日のスリランカ人に人気が高く、ホッパー目当てに訪れる客も多いという。きっとみんな、ホッパーを食べながらココヤシが風にそよぐ故郷の風景を思い出しているのだろう。そんなことを想像しながら、甘くやさし気なココナッツの余韻を楽しんだ。

Ceylon Inn／セイロンイン
東京都目黒区上目黒二-七-八
☎ 〇三-三七一六-〇四四〇
ホームページ http://www.ceyloninn.jp/

スリランカフェスティバル
ホームページ http://srilankafestival.jp/

＊

その数三〇〇種以上!?
中国の麺料理

麺のふるさと。

その言葉を思い出したのは、深夜一二時を過ぎたラーメン屋で豚骨ラーメンをすすっている時だった。いまや日本の国民食であるこのラーメン、元をたどれば横浜などの中国人の居留地に中国の麺料理が伝わり、やがて中華麺を用いた汁そばが編み出されて広がったという。諸説あるが、同じく日本を代表するそばやうどんもそのルーツは中国にあるそうだ。

中国といえば数年前、日本建築史を創始した建築家・建築史家の伊東忠太（一八六七〜一九五四）の足跡をたどって中国北西部の山西省にある雲崗石窟を訪れた。彼が「発見」した東西一キロにもおよぶ石窟寺院は、一五〇〇年も前に造営されたという。高さ一五メートル以上の巨大な石仏を前に、悠久の歴史を感じたものだ。そしてこの旅でもう一つ満喫したのが麺料理だった。多種多様な麺料理がある山西省は「麺のふるさと」と呼ばれている。

「山西省には一〇〇種類以上の麺料理がありますよ」

＊

そう教えてくれたのは李俊松《リジエンソン》さん。東京・大久保で、故郷である山西省の料理店「山西亭」を奥さんの秀珍《シユウチン》さんと営んでいる。中華料理の店は無数にあるが、山西省の郷土料理を専門にする店は珍しい。山西省の旅を思い出してから無性に現地の麵が食べたくなった私は、店の噂を聞きつけて仕事仲間のKさんと訪れたのである。

それにしても麵料理が一〇〇種類以上!? 確かに現地には麵料理の店がたくさんあったが、それほどとは……。

「三〇〇種とも四〇〇種ともいわれているみたいですよ」

驚く私の横で、スマートフォンで調べたKさんがいう。冷静だなあ。

山西省の人間の多くは毎食のように麵を食べるのだと秀珍さんがいった。

「麵がなくなったらお米を食べるという感覚です。主人はお米も食べるけど、私はお米は一年に三〜四回くらい。ほとんど麵を食べていますよ」

まさに主食である。感心していると、俊松さんがメニューを開いて見せてくれた。

「一番有名なのは刀削麵ですね。山西省は刀削麵発祥の地といわれているんです」

そうそう、刀削麵は現地で食べた。担々麵やジャージャー麵（炸醬麵）などとともに中国を代表する麵のひとつに挙げられる、山西省の名物だ。小麦粉を水と塩でこねた生地の塊を板に載せ、包丁でそぎ落として鍋に入れていく。一説では、元代に統治者のモンゴル族によって武器と一緒に包丁まで没収された漢人が、包丁の代わりに薄い鉄片で生地を削って麵をつくった

＊

ことに由来するというが、そのパフォーマンスが日本でも何年か前に流行ったなあ。

「でも、日本で食べる一般的な刀削麺はスープの中に入っていますよね」と俊松さん。山西省ではスープに麺を入れるというより、麺にタレを絡めて食べるという感覚らしい。

「山西省の人間がとくに好んで食べるのがこれです」

そういっていくつもある刀削麺のメニューの中で、俊松さんが指したのは「西紅柿《シーホンシー》・鶏蛋《ジータン》麺《ミエン》」。日本語にするとトマト・卵の麺という意味だ。普段食べる中華のイメージから、肉が入っていたり、脂っこかったりするのかな、と思っていたから少し意外だった。

「昔の山西省では、肉は貴重な食べ物でした。だから日常的に食べる刀削麺に入れることはなかなかできません。でも、トマトは育てるのが簡単なので、みんな自分で育てて刀削麺に入れて食べるんです。刀削麺と聞いて山西省の人間がイメージするのがこの西紅柿・鶏蛋麺。子どもの頃から慣れ親しんだ味なんですよ」

俊松さんの話を聞いて、思い出の味をいただくことにした。出てきたどんぶりの中には潰したトマトと炒り卵がたっぷりかかった刀削麺。しっかりと混ぜてから麺をすすると、トマトの香りがふわりと広がった。シンプルな塩味でさっぱりとしているが、トマトの甘みや卵のまろやかさが麺を包み、なんともやさしい味わいだ。なんか新鮮でいいな〜、と味わっているところへKさんが一言。

「やたらと麺が太いトマトソースパスタって感じですね」

＊

ヨウミェンカオラオラオ

あ、確かに。いや、そうだけどさ……Kさんたらやっぱり冷静。ちなみに、刀削麺を削るにはへの字に曲がった長方形の専用包丁を使うが、持っていない家庭も多く、その場合は食感が少し異なるものの、普通の包丁で生地を切るという。それを聞いたKさん、「うどんと同じですね」って、だから冷静すぎだってば……。

さて、「麺のふるさと」というのだから、他の麺も食べてみたい。メニューを覗き込むと、そば粉の麺にえん麦の麺と約二〇種類の麺料理が並んでいる。えん麦の麺は現地でも食べたなあと思い出していたら、「ブランズ」というジャガイモの蒸し麺焼きそばなるものが目に飛び込んできた。細切りにしたジャガイモに小麦粉をまぶして蒸すらしい。

ジャガイモの麺なんてあるのかと驚いてい

＊

ると、「これも麺なんでしょうか」とKさん。視線の先には「ヨウミエンカオラオラオ」の文字。えん麦の一種であるヨウ麦の麺のせいろ蒸しということのようだが、写真にあるのは薄い筒状の生地をハチの巣のように並べた不思議な料理。「麺料理には見えないけれど……」というと、俊松さんは笑って説明してくれた。

「中国では穀物の粉を練った生地を使うものは麺というんですよ」

もともと中国では麺は「小麦粉」という意味だったが、今はほかの穀物の粉にも用いられるようになった。広くとらえれば餃子やワンタンも麺となるらしい。そういえば、現地には雑穀麺の専門店もあったし、トウモロコシ粉を使った蒸しパンのような料理も麺のメニューの中にあった。それらの麺の調理法や味付けも多種多様だ。そう考えると麺料理三〇〇種というのもわかる気がしてきた。と、そこに刺さった、Kさんの鋭いツッコミ。

「ジャガイモは穀物じゃないですね」

おっしゃるとおり……でも、緑豆の麺なんかもあるらしい。穀物と同じような食べ方もするからでは？　広い大陸だからきっと細かいことにはこだわらないんだよ、となぜか私がフォローして、この二つを食べてみることにした。

＊

先に出てきたのはジャガイモ麺。香ばしく炒めてあるが、小麦粉をまぶして蒸したジャガイモはもちもちとしていて確かに麺っぽい。細切りとあったが、小麦粉にマッシュポテトを混ぜてつくるニョッキの食感に近い。塩、ネギ、唐辛子、ニンニクによる味付けはピリ辛で、ついつい後を引く味だ。

ヨウ麦のせいろ蒸し麵は、トマトダレか山西省の名産である黒酢をベースにしたタレにつけて食べる。せいろのフタを開けると、湯気とともにもち米を炊いた時に近い、独特の匂いが立ちのぼった。筒状になった麵は直径二センチ、長さ三センチほど。薄さは一ミリにも満たないがもっちりとして食べごたえがある。

「ちょっとクセのある味ですけど、この麵にもトマトが合うんですね」

Kさんが麵を口に入れる。甘じょっぱいトマトダレもいいが、ツンとした酸味がさっぱりとしていながらコクがある黒酢が個人的には気に入った。日本の黒酢は米を材料とするものが主流だが、中国では大麦やコーリャンも使われ、正しくは香醋《こうず》という。

「中国でもヨウ麵を食べているのは山西省と内モンゴルくらいなんですよ」

俊松さんがいう。黄土高原の東部に位置する山西省は、その大部分が標高一五〇〇メートル以上と高く乾燥地帯であるために稲作ができず、主に小麦が栽培されている。しかし、昔は小麦をつくることも難しく、えん麦などの雑穀が主流だったようだ。こうした雑穀を美味しく食べる工夫をしていく中で、麵食が発展したのではないかと考えられる。

「私の家は省の北部にあったのでより気温が低く、土地も痩せていています。小さな頃は小麦粉がまだ貴重でしたから、刀削麵よりヨウ麵をよく食べていましたね。でも、このせいろ蒸し麵はつくるのが難しいんです。生地を均一に薄くして丸めないと蒸す時にムラができてしまう」

＊

俊松さんは料理上手なお母さんに教わり、毎日のように練習してつくれるようになったというが、いまはこのえん麦が小麦粉より貴重で高くなってしまったこともあって、女性でも上手につくれる人は少ないらしい。

「子どもの頃は家庭料理だったけど、いまはお店で食べるほうが多い。でも、日本にはこの料理を出すお店はありません。刀削麺にしても、お店はたくさんあるけれど西紅柿・鶏蛋麺があるところは少ない。来日して中華料理店に勤めていた私は、何人もの同郷の人間から故郷の麺が食べたいといわれて、山西省の料理店を開いたんです」

俊松さんの言葉に麺料理の奥深さを感じながら、ヨウ麺をかみしめた。かつて訪れた黄土が舞う山西省の素朴な街で食べた、温かな刀削麺の味を思い出した。

山西亭
東京都新宿区大久保二-六-一〇 地下一階
☎ 〇三-三二〇二-七八〇八

＊

東欧の小さな国
モルドバの黄色い主食

失礼ながらその国を知らなかった。ルーマニアとウクライナに挟まれた、九州よりもやや狭い面積の国・モルドバ共和国。存在を知ったきっかけは二〇一六年頭のあるニュース。二〇一五年一二月八日に在日モルドバ大使館が、そして二〇一六年一月一日に在モルドバ日本国大使館が開設されたと聞いたからだ。

大使館ができたということは、両国にはそれなりの交流があるはず。調べてみると、モルドバは農業国であり、特にワインの生産が盛んで近年は日本にも入ってきているようだ。日本には一五四人（二〇一六年六月現在）のモルドバ人が住んでいて……そして見つけました、日本唯一らしいモルドバ料理の店を。

その店は東京の葛飾区亀有にあるという。亀有といえば、漫画『こちら葛飾区亀有公園前派出所』で知られる「ザ・下町」だ。昭和のにおい漂う町並みにモルドバの店がどう溶け込んでいるのか、そんな興味も抱きつつＪＲ亀有駅に降り立った。

＊

住宅と商店が混在するエリアで、その店は大きな国旗を掲げて主張していた。しかし、店の入り口に立って少し戸惑う。屋根が付いた和風の引き戸に、看板は……「居酒屋NOROC（ノーロック）」？

「二〇一四年一二月にオープンしたんですが、ここは下町ですからね。レストランにすると敷居が高くなる。ましてやモルドバなんて知られていない国は敬遠されかねないので、親しみやすい居酒屋にしたんですよ」

そう教えてくれたのはオーナーの倉田昌明さん。ノーロックとはモルドバの言葉で「祝福」という意味で、乾杯する時の掛け声でもあるそうだ。店内にはテーブル席のほかに座敷もあって、まさに居酒屋。それでいて、モルドバの風景写真やロシアの民芸品マトリョーシカが飾られていて異国情緒も醸す。この肩の力が抜けた雑多な空間が、不思議と居心地がいい。

しかし、メニューにあるモルドバ料理は本格的だった。担当するのは倉田さんの奥様でモルドバ出身のディアナさんだ。モルドバのソウルフードを尋ねると、「国民みんなが好きな料理の中で、特に私の思い入れが強いものです」といって出してくれた。

「ママリーガとトカナです」

お皿に載っているのは、角切りにした肉の煮込みと黄色い蒸しパンのようなもの。ニンニクの香りがふわりと漂い食欲をそそる。

「ママリーガはモルドバの主食のひとつです。トウモロコシ粉に水と塩を入れて、弱火にか

＊

けながら練り上げます。ある程度固くなったところでバターを混ぜてできあがり。トカナのような肉料理やチーズと一緒に食べることが多いですね」

まずはママリーガだけをいただいた。食感は見た目よりもギュッと固め。バターの風味が芳醇で、やがてトウモロコシの自然な甘みが舌に伝わってくる。クセがないのでどんな料理にも合いそうだ。

一方、トカナは玉ネギの煮汁で豚肉を煮込んだ料理で、豚肉が口の中でほろりとくずれるほどやわらかい。たっぷりのニンニクと唐辛子などのスパイスが染み込んだ肉汁はパワフルで、胃が熱くなっていくのがわかる。この肉汁とマイルドなママリーガの相性は抜群だ。

「トカナはお家ごとに味が違って私も家の味を受け継いでいるけれど、日本に来てから唐辛子を少し入れるようになりました。日本人は辛い料理とか好きだからね」

ディアナさんの話を聞きながら、ママリーガに肉ととろとろの玉ネギを載せて、マリアージュが生み出す旨みをゆっくりとかみしめる。

「トカナは休日に家族と一緒に食べる料理なんです。私にとって思い出深いのは、年末の休みに住んでいた首都のキシニョフから田舎の祖父母の家にいくと、おじいさんが家畜の豚をほふって大きな鍋でトカナをつくってくれたこと。それをママリーガと一緒に家族みんなで食べるのが美味しくて、いつも楽しみにしていたんです」

トカナは何時間もかけて煮込むという。孫たちを喜ばせようと準備しているおじいさんの後

＊

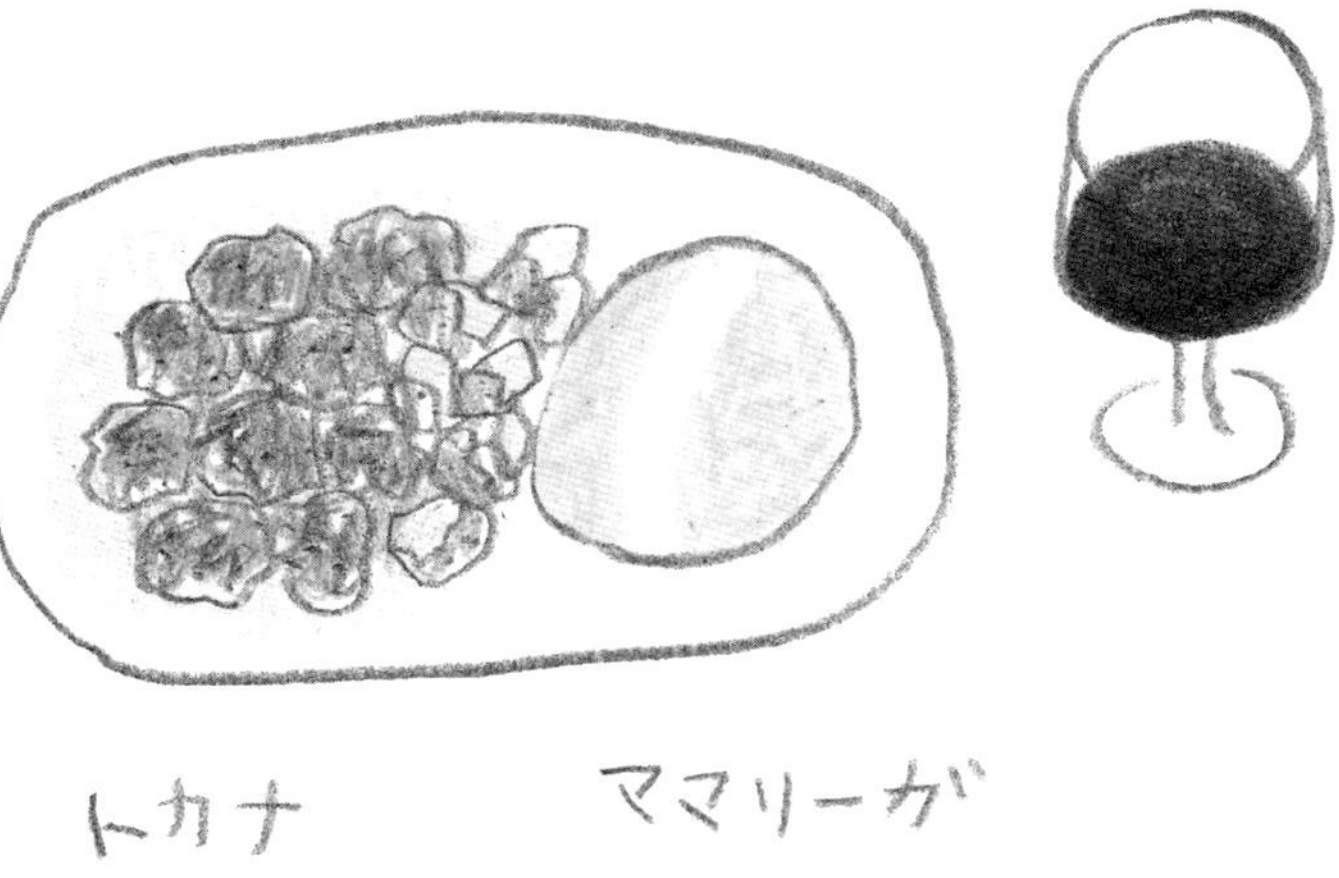

ろ姿がまぶたに浮かんでくるようだ。

「トカナに限らず、モルドバ料理はすごく時間がかかるんですよ」

そう話すのはご主人の倉田さんだ。

「結婚したばかりの頃、朝起きると彼女がキッチンに立っている。朝食の準備をしてくれているのかと思って聞くと、なんと夕食の準備をしていたんです」

びっくりしてディアナさんを見ると笑顔でうなずく。特別な日ならいざ知らず、日常的に手の込んだ料理をつくるとは。

「パンやペレメニ（餃子のような料理）の皮はもちろん、チーズやサワークリームも自分でつくるんです。モルドバでは買うこともあるけれど、日本のチーズはしょっぱくてモルドバ料理に合わない。だから余計に時間がかかっているのかもしれませんね。今も朝に

＊

食べるパンに練り込むチーズをつくっているところですが、これは三二時間くらいかかるんですよ」

パンの材料をつくるのに三二時間……。しかし、ディアナさんは楽しそうな様子で私にサワークリームを味見させてくれた。まろやかでコクがあるのに後味はさっぱり。手づくりならではのキメの細かさがある。「すごいなあ」と感心すると、「私はまだまだ勉強中です」と意外な言葉がかえってきた。

「私のお母さんは三〇年もお店のキッチンに立っていた人で料理がすごく上手。お母さんの味にはかないません」

それなら、やっぱりお母さんに料理を教わったのか。そう尋ねると、これまた意外にも首を振る。

「子どもの頃、手伝おうとするとお母さんは決まってこういうんです。今はやらなくていいのよ、結婚したらいっぱいつくれるんだからって。それでも美味しくつくれるようになりたいから、お母さんがつくっているところを見ながら覚えました」

そして結婚したディアナさんは旦那さんやお子さんのために料理をつくるようになった。とはいえ、まさか店を開くとは思っていなかったそうだ。それも日本で。ディアナさんはダンサーで、国の派遣で日本にやってきた。そして各地で公演している中で、共通の友人を介して倉田さんと知り合ったという。居酒屋ノーロックを始めたのは、モルドバという国を日本人に

＊

知ってほしいと思ったからだとディアナさんはいう。

「ロシア料理の店はたくさんあるけれど、モルドバ料理はどこにもなかった。それにモルドバはワインの国です。美味しいワインがたくさんあって日本にも入ってきているのに、日本人はフランスとモルドバだったらフランスのワインを選ぶでしょう。ここでモルドバワインを飲んでファンになってくれたらと思ったんです」

モルドバの辺りは欧州では特に古いワインの産地で、紀元前三〇〇〇年頃にはつくられていたという。国の主要産業として栄え、英国をはじめ欧州各国の王室でも愛飲されている。都市部を除いてモルドバ人の多くはブドウの自家農園を持っていて、自分たちでもワインをつくるそうだ。すすめられて赤ワインを一杯いただいた。口当たりなめらかで渋みが少なく、華やかな香りが鼻腔に残る。

「店を始めて一年あまり。日本人の常連さんもたくさんできました。それに在日のモルドバ人やルーマニア人、ロシア人も来てくれます」

倉田さんが振り返る。モルドバは一四世紀にルーマニア系の人たちが設立した国だが、オスマン・トルコの支配下に入り、その後もロシアとルーマニアの間で領有権が争われるなど複雑な歴史をたどってきた。料理もその影響を受けていて、ロシア料理として知られるボルシチはモルドバでも食べられるし、文化も言語も近いルーマニアではママリーガはとてもポピュラーな料理だ。店にはロシア人やウクライナ人のスタッフもいて、ロシア料理も出すという。この

＊

居酒屋に国境はない。

「今度、在日モルドバ人みんなでモルドバ・パーティーをするんです。モルドバの料理を並べて、モルドバのワインで乾杯する。在日モルドバ人は数が少ないし、住んでいるところもバラバラでなかなか集まれなかったけど、この店ができたことが気楽に集まるきっかけになった気がします」

ディアナさんは笑顔でいう。もちろん、ママリーガとトカナは欠かせないそうだ。

「モルドバ人が店にくる時は誰もが決まって注文するんです。大切な家族と一緒に食べる料理ですからね」

居酒屋 NOROC／ノーロック
東京都葛飾区亀有五－一九－二 二階
☎ 〇三－五八五六－二四五四
ホームページ http://www.noroc2014.com/

＊

愛情たっぷり。西アフリカの〝フフ〟をつくってみた

この日、私は神奈川県の相模原に来ていた。「ノヴィーニェ」という多国籍レストランでアフリカのイベントが催されると耳にしたからだ。「アフリカ　ヘリテイジ　フェア」と名付けられたこのイベント、民族衣装の試着や伝統的な太鼓「ジャンベ」の体験、ウッドビーズを使ったアクセサリーづくりなど、さまざまなアフリカ文化に触れられるという。

その中で私が興味を持ったのが料理教室だ。問い合わせてみると、アフリカのサハラ砂漠より南の地域でよく食べられている料理をつくるとのこと。モロッコやエジプトなど北アフリカのレストランは見かけるが、サハラ以南の料理は珍しい。これは貴重な体験ができそうだと、参加することにしたのだ。

JR相模原駅から歩くこと一〇分、オレンジや黄色で彩られたにぎやかな店が見えてきた。中からは打楽器のリズムが軽快なアフリカンミュージックが流れてくる。

「ようこそ。よく来ましたね！」

＊

料理教室のブースで待っていた私に声をかけてくれたのはトニー・ジャスティスさん。店のオーナーで、アフリカの文化継承や国際交流を目的としたこのイベントを主催するガーナ人だ。料理教室の先生でもあるトニーさんに、さっそく何をつくるのか尋ねた。

「今日はフフをつくりましょう」

初めて聞く料理だ。まったく想像できないが、キャッサバ、ヤムイモなどのイモ類や穀物でつくる主食で、ガーナやナイジェリアといった西アフリカをはじめ、中央、東アフリカでも食べられているという。

「イモ類でつくることが多いですが、キャッサバもヤムイモも日本では手に入れるのが難しいので、今日はトウモロコシの粉を使います」

トニーさんはそういって、トウモロコシ粉を取り出した。真っ白でさらさらとキメ細かい粉だ。トウモロコシ粉ってこんなに白かったかな。そうつぶやくとトニーさんが教えてくれた。

「これはアフリカ産のトウモロコシ粉です。アフリカには黄色だけじゃなく、白や紫、赤、黒と、いろいろな色のトウモロコシがあるんですよ。でも、この粉はちょっと特殊です。トウモロコシの皮をとってから粉末にしたものなんです。だから真っ白。ぬかをとって販売する日本の無洗米と同じような感じかな。最近、見た目がいいからと、経済が発展したアフリカの都市部で流行っているんです」

トニーさんは鍋に粉を入れ、水を注いで木のへらで素早く混ぜ始めた。

＊

「本来はお湯を使います。でも下手な人はダマができてしまうので、水に溶かしたあとで火にかけて練るといい。これが一番簡単な方法です」

説明しながら水を少しずつ足して混ぜていく。乳白色のとろりとした液体になると、塩で味を調え、トニーさんはコンロの火をつけた。

「そろそろ火にかけましょう。でもすぐに固くなるので、水を足しながら練っていきます」

弱火にかけて練ると、真っ白なマッシュポテトのようにもこもこと固まってきた。これがやや透明で、内側からぷっくりふくらんだ気泡がプスーッと割れる状態になるまで練り続けるのだという。

「さあ、みなさんも練ってみましょう」

トニーさんのアドバイスに従って練りに挑戦した。残っているダマをつぶすように練ることで粘りが出て、口当たりもなめらかになるという。しかし、見た目のもこもこ感とは裏腹にずしりと重く、けっこうな力仕事だ。だんだんと腕が痛くなってくる。

「ここが女の人の力の発揮どころです。アフリカの女性は私の料理が一番よ、浮気しちゃだめよって愛を込めて練るんですよ」

トニーさんはそういうが、浮気しちゃだめよ、浮気しちゃだめよっていいながらダマをつぶす姿……。傍から見たらちょっとこわくないか？

＊

水を足すたびにかさが増え、もこもこと大きくなっていく。やがて、直径二〇センチほどの

愛情をこめてフフを練る

鍋いっぱいのフフが完成した。これで家族四人分くらいかと思いきや、子ども一人分だというから驚きだ。

「家族みんなの分をつくるから、本来はもっと大きな鍋で練るんです。お母さんは大変なんですよ」

大鍋に入ったフフを愛を込めて練る。これは浮気など絶対にできませんな。

できあがったフフはつき立てのお餅のようだった。やはりトニーさんがつくった「ライトスープ」に浸していただく。現地では「ンクラクラ」と呼ばれる、鶏肉や玉ネギが入ったトマトベースのスープのことで、トマトの酸味がきいたちょっとピリ辛な味わい。これもアフリカ各地で食べられているポピュラーな料理らしい。

フフの表面はつるりとしていて、蒸しパンのような、はんぺんのような、意外と軽い歯ごたえだ。ほんのりと塩気がある程度であまり味はしない。トウモロコシの風味もほとんど感じられないが、使う穀物などによって味の違いがあるらしい。クセがないのでライトスープはもちろん、どんな料理とも相性がよさそうだ。

「アフリカの食事は主食に副食をかけて食べるスタイルが主流。だからスープやシチューが多いんです。フフはオクロシチューにもよく合いますよ」

その言葉ではたと思い出した。以前、オクラを煮込んだ西アフリカの料理「オクロシチュー」を食べた際、バンクという主食がついていた。その見た目がフフとそっくりなのだ。バンクも

＊

トウモロコシからつくると聞いたが、二つは別の料理だとトニーさんはいう。

「最初にもいいましたが、フフはヤムイモやキャッサバを使うのが主流です。それにつくりかたも違って、バンクはトウモロコシを水に漬けて数日置き、発酵させてからつくるんです。だから酸味があります」

そういえば、確かにバンクには独特の酸味があった。

「ほかにも、ヤムイモをお餅のようについてつくるパウンド、やわらかく炊いたライスをついて丸めるオモツオなど、アフリカには主食といわれるものがいろいろあるんですよ」

ちなみに、フフは主に西アフリカで食べられていて、ケニアなどの東アフリカでトウモロコシ粉を使い、フフと同じような工程でつくる主食は「ウガリ」と呼ぶそうだ。また、モロコシやトウジンビエといった雑穀もよく食べられている。

アフリカは自給自足の小規模農家が多く、農業技術も低い。彼らはその土地の環境に適した作物を中心にしながらも、何かが不作になっても他の作物でまかなえるようにさまざまな作物を少しずつつくるため、主食の種類も多種多様になっていったと考えられる。

「トウモロコシはたくさんある穀物の中でもとくに大事。最近の裕福な人は米を食べたりもするけど、米ではお腹いっぱいにならない。トウモロコシをフフにして食べると、胃がずっしりとしてパワーが出るんです」

トウモロコシはメキシコが原産地とされている。アフリカに伝わったのは一六世紀だが、高

＊

温や乾燥に強く成長も早いためか、いまやサハラ以南では最も食べられている穀物となっている。

「主食にするだけでなく、お菓子もつくるし、油もとる。石鹸をつくったりもします。大げさにいえば、トウモロコシがあれば私たちは生きていけるんです」

都会を除けば、アフリカの人たちはみんなトウモロコシを栽培しているという。そして、男性も女性も子どもの頃から料理を覚えるそうだ。ただ、トニーさんの場合は覚え方が少し変わっていた。

「僕は九人兄弟の末っ子でいつも母親にくっついていました。つまり、マザコン（笑）。しかも食べるのが大好きだから、お母さんが料理をつくる時もキッチンまでついていく。でも、邪魔だと怒られるんですよね。そこで僕は、お母さんが料理をつくる時間になると、先にキッチンに行って隠れていたんです」

物陰から母親の手の動きをじっと見る。そして、母親が何かの拍子でキッチンを離れた時に出て行ってつくった料理をつまみぐい。そんなことを繰り返すうちに自然と料理を覚えたという。

「日本にくる前に世界各国をまわり、いろいろな料理を食べました。でも、お母さんの料理にはかなわない。どんなに値段の高い料理でも母の味を超えるものはありませんでした。そんなすばらしい味を知ってほしいから、お店で出しているアフリカの料理はぜんぶお母さんのレ

＊

シピが基本になっているんです」

トニーさんが日本にきて約二〇年。たまにガーナに帰ると、年老いた母親のために自分がキッチンに立って料理をつくるという。

「僕の料理の腕をお母さんにほめてもらいたくて。喜んでくれると僕もうれしい。いくつになってもマザコンは変わりませんね」

トニーさんはそういってやさしく笑った。

NOVINYE／ノヴィーニェ
神奈川県相模原市中央区相模原五-一一-三 一階
☎ 〇四二-七〇七-一九〇〇
ホームページ http://novinye.com/

＊

エチオピアの国民食がまずいという噂は本当か

その食べ物を知ったのは、友人がフェイスブックに投稿した記事だった。仕事で赴いた先の国民食として紹介していたのだ。興味を持った私はさっそくインターネットで検索してみた。すると……。

「見た目は雑巾、味はカビの生えた雑巾」

「これを食べるのはこの国で最大の試練」

「恐怖の体験だった」

美味しいと評しているのはごくわずか（ちなみに、友人はその少数派の一人）。そもそも雑巾を食べたことがあるのか？　とにかく、なんともひどいいわれようではないか！

俄然、興味が増した。しかし、東京近辺でこの国の料理が食べられる店が少ないうえ、つくるのに手間がかかるようで常備しているところはほとんどない様子。そんなわけで、私はことあるごとに、「食べたい、食べたい」といい続けてきた。そうしたら……いってみるもんです

＊

ね。今回、この食べ物を食べる機会に恵まれたのだ。

場所は東京・世田谷区にある、東アフリカの国、エチオピア連邦民主共和国の大使公邸。ここであるパーティーが催され、エチオピア料理が振る舞われるというのでお邪魔させていただいたのである。中に入るとパーティーはすでに始まっていた。さっそくビュッフェスタイルで料理が並ぶほうへ向かうと、あった、あった。山のように積まれている。

「これが、インジェラか！」

日本の米のようにエチオピア人が毎日食べる主食だ。くるくると巻き物のような見た目は身体を洗うスポンジのよう。広げてみると長方形でクレープの生地に似ているが、より厚みがあってフカフカしている。色はグレーで〝雑巾〟と表現するのもわからなくはない。周りを見ているとインジェラを広げて、シチューのような煮物や野菜料理を載せている。どうやら、それらの料理につけて食べるようだ。

「エチオピア人はインジェラを食べないと満腹感が得られないんですよ」

インジェラについて詳しく教えてくれたのはセイファさん。東京・目黒区でアフリカと地中海の料理店「アディス」を営むシェフだ。

「インジェラはエチオピア人の活力の源。日本では材料が手に入りにくくてなかなか食べることができませんが、私なんかはあまり長い間食べないでいると力が出なくて動けなくなってしまいます」

＊

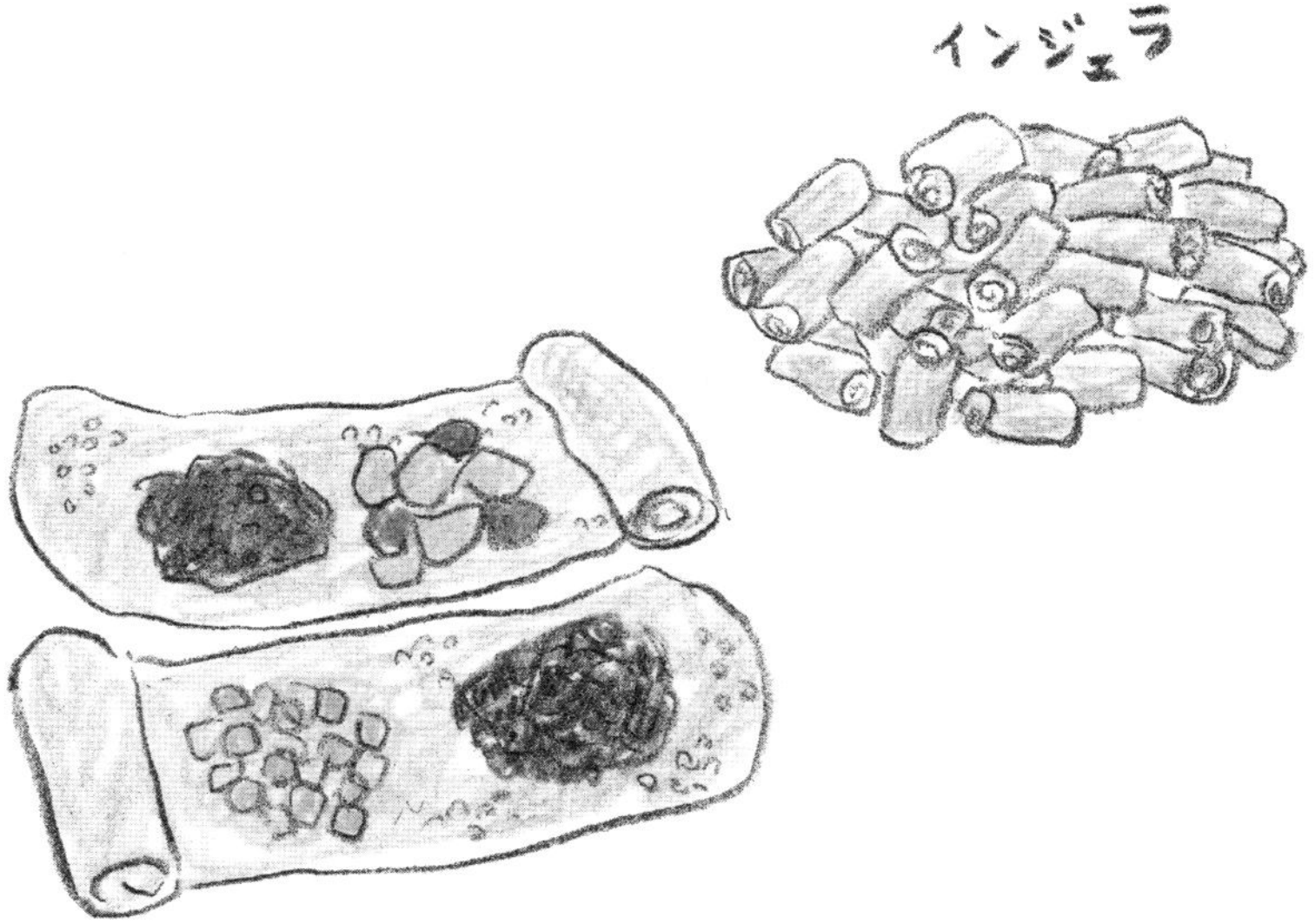

切望していたインジェラが目の前にある。それではと、まずは何もつけずに一口。

「酸っぱい！」

完全にクレープを意識していたので予想外だった。薄いパンケーキのような食感で、米や小麦のように穀物の甘みもするのだが、とにかく酸味が強い。それも柑橘類のようなさわやかなものではなく、どちらかというと日が経った牛乳に現れるあの酸味に近い。「最大の試練」とは大げさだが、好まない日本人が多いのもうなずける。

「インジェラはテフという主にエチオピアで栽培されているイネ科の雑穀でつくります。美味しいインジェラは発酵がポイント。水でこねたら、五～六日ほどかけてじっくりと発酵させるんです。発酵に使うのは、前につくったインジェラの発酵の際に出た上澄み。

＊

本来はテフと水にその上澄みだけですが、気温や湿度が違う日本では発酵もふんわり感も上手にいかないので、米粉やイースト菌を混ぜてつくっています」

だから、日本でつくるインジェラはどうしても甘みが出てしまう、とセイファさん。この酸味がより強いほうがいいとなると……ちょっとした試練かもしれない。しかし、料理と一緒に食べると少し違った。インジェラの酸味が和らいで食べやすくなるうえ、料理にはさっぱり感がプラスされて食欲が増すのだ。とくに、ドロワットという鶏肉と卵が入ったエチオピアの伝統的な辛いシチューとの相性は抜群で、ドロワットの辛さを抑えて旨みを引き立てる。

「インジェラとドロワットが食卓に出ると、食べ過ぎちゃうんですよね」

そういって笑うセイファさん。エチオピア人の多くはインジェラを朝昼晩関係なく食べるそうで、セイファさんにおいては「一日中、ずっと食べていたい」というほどだ。

「おやつに食べることもあります。その時は唐辛子ベースの調味料であるバレバレをつけるのがポピュラーですね」

いっぽう、「私は朝はパンを食べるので、インジェラはランチと夕食です」と話すのはエチオピア大使館で働くビジネス担当外交官のロザ・イルクネシさん。

「でも、フルフルは時々朝に食べますよ」

フルフル？　なんだかかわいらしい。フルーツを入れたシリアルみたいな感じだろうか。

「インジェラは三日くらいもつんですが、だんだん乾燥して固くなるので、小さくちぎって

＊

香辛料と煮込みます。それをフルフルといってインジェラにつけて食べるんです」

かわいらし……くはなかった。一九九一年まで内戦が続いていたエチオピアは、いまだ一人当たりの年間所得が約六六〇米ドルと最貧国の水準で、慢性的な食料不足に陥っている。フルフルは限られた食料を美味しく食べるためのエチオピア人の生活の知恵なのかもしれない。とはいえ、野菜や肉を入れたりもするものの、要するに「インジェラONインジェラ」。雑炊をおかずに白米を食べるようなものだ。インジェラへの愛は相当なものである。


しかし、それほどまでにインジェラを食べても、彼らにいわせると太ることはないらしい。

「テフは鉄分やビタミン、カルシウムが豊富ですが、グルテンは含まれていないんです」

ロザさんがその理由を教えてくれた。小麦や大麦に多く含まれるグルテンはタンパク質の一種。吸収すると血糖値が急激に上昇して、身体が脂肪を溜め込もうとしてしまうため、摂り過ぎは太る原因のひとつといわれている。


確かに見回す限りでは、エチオピア人はすらりとしていてメタボの人はほとんどいなかった。インジェラは栄養豊富で太らない健康食品でもあるということだ。東京オリンピックのマラソン金メダリスト、アベベ・ビキラをはじめ、エチオピア人の長距離の強さもインジェラにあったのだろうか。

＊

それにしても毎食のように食べるとなるとつくるのも大変だ。しかし、よくよく聞くと、発酵に時間がかかるし、つくり置きができるため、一般的な家庭では週に一〜二回、人数が多い家庭で三回程度、まとめてつくるという。

「基本的に材料はテフと水だけですが、つくる人によって味が違います。やっぱり、母親がつくるのが一番美味しい」

そう話すのはピザを担当する外交官のダムトゥ・グルマさん。

「エチオピアはほぼ、女性が料理をします。だから、女の子は美味しいインジェラをつくれないとお嫁にいけません」

セイファさんがいうには、インジェラは味だけではなく見た目も大切らしい。

「インジェラの表面に気泡のような穴がたくさんあるでしょう。これは発酵させることによってできるんですが、この穴がきれいに並んでいると、いいインジェラです。それをつくるためには発酵はもちろん、焼き方も重要。エチオピアでは土や牛糞でつくったかまどに鉄板を載せて焼きます。火がじっくりと伝わるので、きれいな穴ができるんです」

日本の味噌汁は飲まなければわからないけれど、インジェラは見ただけで〝いいお嫁さん〟になれるか判断できてしまう。私たちにとってインジェラを食べるのが試練だとしたら、エチオピアの女性にとってはつくるのがある意味、試練のようだ。それを象徴するのがロザさんの言葉だった。

「私の娘はいま一歳半ですが、一年後にはつくり方を教え始めますよ」

ええっ！　思わず聞き返してしまった。二歳半でつくり方を覚え始めるというのだ。

＊

「いい夫を見つけるためには美味しいインジェラは欠かせません。それに、インジェラは芸術教育の一環でもあるんです。だから親として教えられることは教える。うちに限らず一般的な家庭はどこも同じですよ」

エチオピアでは小さな頃から家事を手伝うというが、インジェラはまっ先に覚えるべきことのようである。しかし、広いアフリカ大陸の中でもインジェラが食べられているのはエチオピアと、エチオピアから独立したエリトリアだけだという。エチオピアの国家の歴史は紀元前五世紀頃まで遡ることができ、インジェラも紀元前から食べられていたというが、世界ではさまざまな食物が海を越え、山を越えて行き交っているのに、なぜエチオピアはインジェラが広がることも、ほかの穀物が席巻することもなく、独自の食を保つことができたのだろうか。

「エチオピアは国土の大半が高地。私の生まれ育った首都のアディスアベバは、標高約二四〇〇メートルのところにあります。そうした地理的条件もあって、ほかの国のようにヨーロッパなどの植民地になりませんでした。だから自分たちの文化を守り続けることができたんだと思います」

セイファさんはそういっていた。インジェラは食べ物としてだけでなく、自国の文化を象徴するものとして大切にされているのだろう。二〇一五年春にエチオピア航空が成田までの就航を開始した。今度は本場のとことん酸っぱいインジェラをエチオピアの太陽の下で食べてみたいものだ。

＊

ADDIS／アディス
東京都目黒区中根二-三-一五　K-ビル二階
☎ 〇三-六四二一-四三〇二
ホームページ http://www.addisrestaurantjapan.com/
※インジェラは事前に予約が必要

＊

飛行船が名の由来。リトアニアの冬の味

東京メトロ日比谷線の広尾駅。寒さ厳しい二月の下旬、私は駅の出口にある案内板を見て思わず「すごいなあ」と白い息を吐いた。ノルウェー、スイス、カタール、クロアチア……と各国大使館の名前で埋め尽くされているからだ。

現在、日本には一七〇カ国以上の大使館（名誉［総］領事館を含む）がある。そのうちの半数が所在するのが東京の港区だ。この界隈に大使館が集中している理由は明治時代まで遡る。明治政府と欧米諸国が大使館建設地を協議していく中で、東京から選ぶこと、港のある横浜に近いこと、地盤がしっかりしていること、警備のために同じエリアに固めることなどの条件を満たす場所として、港区、渋谷区周辺の武家屋敷の跡地が選ばれたのだという。

この日、私が向かったのはリトアニア共和国大使館。エストニア、ラトヴィアとともにバルト三国に数えられるリトアニアは、面積六・五万平方キロメートル、人口は二八五万人という小さな国だ。個人的には今まで接点もなく大使館があることも知らなかったが、実は親日国で

＊

近年は貿易も盛んにおこなわれている。この日も日本の食品産業関係者にリトアニアの食品を紹介するイベントが催されるということだった。イベントのことを耳にした私は、ソウルフードがあるかもしれないと思って参加させていただいたのである。

それにしても時間より早く着いてしまった。キッチンではイベントに出す料理を準備しているところだという。そこで、許可をもらってキッチンに入れさせてもらうことにした。赤やオレンジ、緑色をしたカラフルなチーズや、ハム、サラミ、オリーブがテーブルいっぱいに並んでいる。中心になって働くガリナ・メイルーニエネ駐日大使夫人に挨拶をし、邪魔にならないよう気を付けながらソウルフードについて尋ねた。

「今の季節ならツェペリナイですね」

わざわざ〝冬の〟ということに少し引っ掛かりを覚えつつ、まっさきに浮かんだのはイギリスのコックバンド「レッド・ツェッペリン」。しかしこれ、当たらずといえども遠からず、のようだ。ツェッペリンとは二〇世紀初頭にドイツで開発された飛行船のこと。レッド・ツェッペリンの名はそれに由来するが、この料理もかたちが飛行船に似ていることからそう呼ばれるようになったらしい。

とはいえ、飛行船というだけではどんな料理か想像できない。

「ちょうど今つくっているので、こちらへどうぞ」

ガリナさんに導かれてキッチン台のほうへと向かうと、大使館のイベントなどで料理を手

＊

伝っている料理研究家の口尾麻美さんが、挽き肉のようなものを何かで包んでいた。

「豚挽き肉と刻んだ玉ネギを、ペースト状にしたジャガイモで包むんです」とガリナさん。これを茹でたものがツェペリナイだという。味付けは塩、コショウだけでサワークリームなどでつくるソースをかけて食べるというから、シンプルな料理なのかと思いきや、とても面倒で難しいそうだ。

「ジャガイモを生のまますり下ろすんです。これが固いのですごく大変。ここではおろし金ですっていますが、リトアニアにはジャガイモ専用のすり下ろし器があるんですよ。すったジャガイモはさらしに包んで水分をしぼり出します。その汁をしばらく置いておくとデンプン質が沈殿するので、しぼったジャガイモにデンプンを再び混ぜ合わせます。大切なのはもっちりとした食感。水分をしぼりすぎるとパサパサになるので注意が必要です」

ガリナさんの説明を聞くだけで手順の煩雑さに気が遠くなった。しかし、もっちり感を出すためには、そのデンプンがポイントなのだという。

「日本のジャガイモはデンプン質が少ないのでとくに難しいんです。茹でる時も煮えたぎった熱湯じゃないと崩れてしまう。私も何回も失敗しました」

口尾さんも手を動かしながら教えてくれた。プロがいうのだから本当に大変なのだろう。話を伺ううちにツェペリナイが茹で上がったようだ。熱湯から引き上げたツェペリナイは確かに飛行船のような楕円形をしている。これにサワークリームと刻んだベーコン、豚肉でつくった

＊

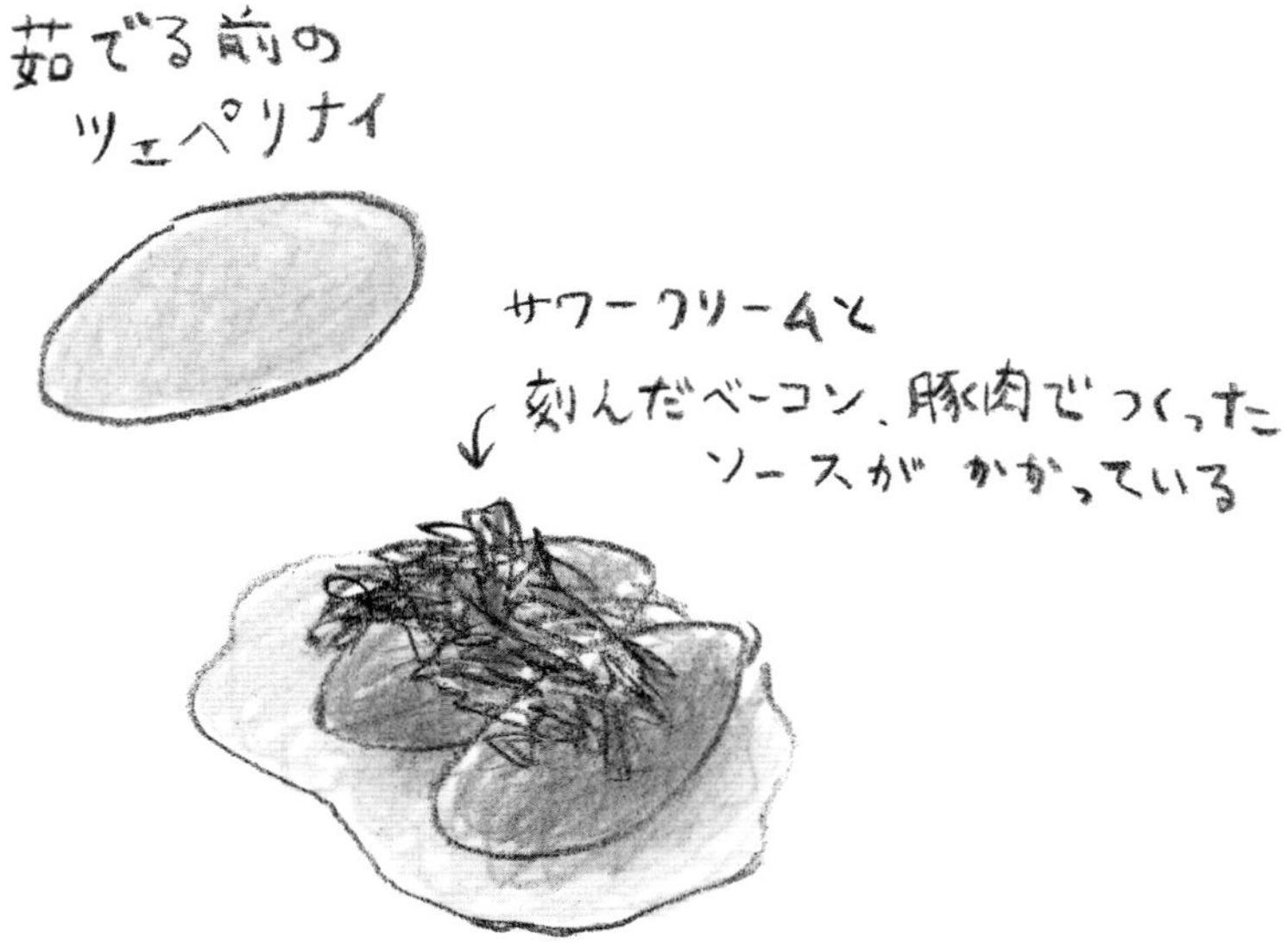

ソースをかけて完成。イベントが始まる前にフライングしてこっそり味見をさせていただく。

ツェペリナイにフォークを入れると弾力性が感じられた。もちもちの食感はまるで団子のようだ。ジャガイモの甘み、それから肉の旨みが口の中にじわじわと広がっていく。素材を活かした素朴な味で、ソースの酸味がほどよいアクセントになっている。レモンほどの大きさで、ジャガイモ&肉というなかなかのボリュームだったが、ペロリと二つも食べてしまった。

すっかり満足してしまったが、いよいよイベントが始まるようだ。会場に集まった人びとが席に着く。来日中であった農業省事務次官のダリア・ミニアタイテさん、同行した食品加工会社の代表者がリトアニアの農業、食

＊

品加工業の説明をする。現在、日本に輸出されている食品はチョコレートやスナック菓子などわずかだが、乳製品や豚肉など、リトアニアの主力農産物の輸出拡大を図りたいというのが、イベントの趣旨のようだ。

プレゼンテーションを終えたダリアさんに話を伺うことができた。まずはリトアニアの農業について尋ねる。

「リトアニアは一九九〇年にソビエトから独立するまで、ほとんどの人が自給自足の生活をしていました。物流がなかったからです。今の都市部でそのような生活をしている人は少ないですし、農業自体も経営という概念を持った大型農家が増えてきましたが、田舎に住む人びとの暮らしはあまり変わっていません」

リトアニアの人口二八五万人のうち田舎に住むのは一〇〇万人だというが、彼らのほとんどが農園を持ち、鶏や豚を飼って生活しているとダリアさんはいう。

「今でも国の食料は自給自足で賄えます。リトアニアは農民の国なんです」

話を聞いていて、ガリナさんのキッチンでの言葉を思い出した。

「リトアニア人は温室で収穫時期を調整した作物を好まないし、料理の味付けも薄め。自然の素材、味を大事にしているんですよ」

ツェペリナイの素朴な味も、わざわざ〝冬のソウルフード〟といったのも、土とともに生きる民だからこそなのだろう。だが、ツェペリナイがなぜ冬のソウルフードなのか。その疑問を

＊

ぶつけると、ダリアさんはこう答えた。

「ジャガイモは〝主食〟なんですよ」

中南米原産で大航海時代にヨーロッパへと伝わったジャガイモは、栄養価が高く、寒冷で痩せた土地でも育つことから、一七世紀以降にヨーロッパ各地で起こった飢饉の際に広く食べられるようになった。保存がきくため冬の大事な栄養源となり、東欧や北欧では主要作物となっている。リトアニアでは黒パンが主食だが、毎日のようにジャガイモが食卓に上り、ヴェダレイというジャガイモの腸詰めなど珍しい料理もある。その中でとくにツェペリナイが愛される理由は、会話に加わったガリナさんが教えてくれた。

「リトアニアの冬はマイナス二〇度にもなるほど寒く、体はエネルギーをすごく必要とします。ジャガイモが凝縮されたツェペリナイはずっしりとして腹持ちが良く、パワーも出る。寒い冬を乗り越えるために欠かせない料理なのです」

いわれてみると、確かにさっき食べたツェペリナイは胃の中にドンと居座っていて満腹感があり、身体全体がほんのりと温かい。ジャガイモのデンプン（糖質）はエネルギーになる栄養素だ。また、中に入っている豚肉には疲労回復の効果がある。しかも、リトアニアではジャガイモを餌にすることで養豚業がさかんになったという歴史もあるそうだ。

ただ、まだ疑問がある。ツェペリナイという名前が飛行船の名に由来するのなら、この料理はせいぜい一〇〇年ほどの歴史しかない新しいものなのか。

＊

「料理自体はジャガイモが普及した頃からあったと思います。でも、当初から今と同じだったわけではありません。料理も文化ですから、時代に合わせて少しずつ変わっていくものです」

ダリアさんがいう。その過程でいつしか、親しみを込めて〝ツェペリナイ〟と呼ばれるようになったのだろう。

実は種類もいろいろなんですよ、というのはガリナさん。

「つくるのが大変なので頻繁には食べませんが、思い出すのは家族のこと。今日のツェペリナイは私の家のレシピだけど、つくり方や中の具は家庭ごとに違うんです」

その証拠に、ダリアさんの家ではジャガイモの生地は茹でてつぶしたものと生ですり下ろしたものを半々にして混ぜ合わせ、中にカッテージチーズを入れてサワークリームをかけて食べるそうだ。「かたちも丸に近いのよ」とダリアさんは笑う。

具材は豚肉が基本だが、ダリアさんのようにチーズを入れたり、牛肉や羊、リンゴを使う地域、家庭もある。レストランでも食べられる料理であっても、目の前に置かれるとふと〝母の味〟が懐かしくなるものだという。

「仕事が忙しく、料理をつくる機会が減ってしまいましたが、離れて暮らしている息子が帰ってきた時はツェペリナイをつくるんですよ」

ダリアさんが優しい眼差しを向けた。

＊

「うわー、これもっちもちで美味しい！」

料理が並ぶテーブルでそんな声が上がった。ツェペリナイは日本の食品産業関係者の中でも好評なようだ。「リトアニアでは日本の料理が人気なので、日本人にもリトアニア料理は合うのではないかしら」とダリアさんはいう。テーブルを見るとツェペリナイはもうあとわずか。もっと食べたそうな顔をした人もいる。

「味見のつもりが、ひとりで二つも食べてごめんなさい」

心の中でそっと謝った。

＊

愛すべきB級グルメ

味噌か魚醤か、オーストラリアの黒いペースト

子どもの頃に楽しみにしていたテレビ番組がある。世界各国や日本の食材・料理に関するクイズを出す『クイズ地球まるかじり』だ。世界の珍しい料理が登場するたびに、「美味しそうだなあ。食べてみたいなあ」とワクワクしながら見ていたものだ。

とくに印象に残っているのが最終問題。納豆や梅干し、海苔、塩辛など、外国人に日本の代表的な珍味を食べてもらって、その人が最も「まずい」と思ったものを当てるクイズだった。日本人にはなじみ深い食べ物ばかりなのに、彼らは食べるとすごいしかめ面をする。その味覚の違いが子ども心におもしろくもあり、不思議でもあった。

なぜこんなことを思い出したのかというと、オーストラリアの国民食が他国ではすこぶる評判が悪いからである。食べたことのある友人は「すごくまずい」というし、インターネットで検索してみても、「まずすぎて全部捨てた」「味噌がさらに発酵しちゃった感じ!」「この世の食べ物か!?」などといいたい放題。食べてもいないのにしかめ面をしてしまったが、「地獄の

＊

ピーナッツバター」なんていうのもあって、そこまでいわれると逆に興味が湧く。いったいどんなものなのか、さっそく輸入食材店で購入してみた。

「これが、ベジマイトか」

黄色いポップなラベルが貼られた瓶詰めだ。中身は黒いペーストで、見た目も固さもチョコレートクリームのようだ。パンに塗って食べることが多いようだから、ジャムやクリームの類なのだろう。ちょっと鼻にツンとくる刺激のある匂いは気になったが、なんだ、なんだ、きっとみんな大げさなんだよ、と思いながら、スプーンですくって一口。

「しょっぱーーーい!!」

予想は見事に裏切られた。甘みなどまるでない。とにかくしょっぱくて眉間にシワが寄る。そして発酵しているのか、クセの強い味が舌にジワジワと広がった。魚醤をペースト状にした感じといえばイメージしやすいだろうか。あまりのしょっぱさに慌てて水を飲んだ。

「そんなにたくさん口に入れるからですよ」

そういって笑うのはアハマー・ライアンさん。東京の恵比寿で英語教室を経営している南部・アデレード出身のオーストラリア人だ。来日前、料理学校に学び、高級レストランでシェフをしていた経験を持つライアンさんは、料理やワインを楽しみながら英語を学ぶイベントも開催している。そこで今回、特別に〝ベジマイトランチ会〟を開いてもらい、食べ方を教えていただいたのだ。

＊

「ベジマイトはトーストに塗ったり、サンドイッチにして食べることが多いですね。だいたい朝か昼です。オーストラリアにいた頃は毎朝ベジマイトのトーストを食べていたし、学校に持って行くランチはベジマイトとチーズのサンドイッチが定番でした」

そのほか、野菜や肉、チーズなどの煮込み料理「キャセロール」の味付けに使うこともあるという。

「バターとの相性がバッグンなんですよ」

そういってライアンさんはこんがり焼いたトーストにバターとベジマイトを塗って出してくれた。先ほどの強烈なしょっぱさに怖じ気づき、今度は慎重にいただくと……あれれ!?

ベジマイトの独特なクセや塩気がバターと合わさることでまろやかになり、豊かな風味

＊

が生まれていた。バター醬油味を初めて食べた時にバターと醬油はこんなに合うのかと驚いたものだが、あの時の感動に近い。ぺろりと食べてしまった。

「初めて食べた人はびっくりするけど、二回目、三回目と食べるとだんだん病みつきになっていくんですよ」

ライアンさんのその言葉に頷く。食べ方って大事だなあ。

「もっとたくさん塗ったほうが美味しいですよ」

そう話すのは、ライアンさんの友人で同じアデレード出身のローワン・マクギリブレイさん。手元を見ると、トーストの表面が見えないくらいベジマイトを塗っている。「いや、さすがにそれはしょっぱいでしょ」とツッコミをいれると、「ははは」と大笑い。

「食べ方はそれぞれの好みですね。でも、オーストラリアでは全国どこでも食べられています。どこの家庭も必ず常備している。嫌いというオーストラリア人もいなくはないけど、すごく珍しいですね。日本でいえば味噌のような感覚でしょうか。テレビコマーシャルも有名で、CMソングはみんな歌えますよ」

マクギリブレイさんが陽気に歌い出す。アップテンポの明るいリズムで、ライアンさんも一緒になって歌う。歌詞の内容をかいつまむと「僕らはベジマイトを朝も昼も午後も食べているよ。お母さんはベジマイトを食べると丈夫になるっていうよ。だから僕らはベジマイトが大好き！」ということらしい。実際、ベジマイトはとても栄養が豊富で、疲労回復や美肌にいいの

＊

だとマクギリブレイさんが教えてくれた。

「離乳食としても利用されていて、一歳くらいから食べ始めますね。とくにビタミンB群が豊富で、食べ物が今ほど豊富でなかった時代は健康食品として重宝されたようです」

ベジマイトの歴史は一九二二年に遡る。オーストラリアのフレッド・ウォーカー社のシリル・キャリスター博士がスプレッド（バターやクリームなど塗り物の総称）を開発する際に、「ビール酵母」に着目した。ビールは大麦の麦芽の煮汁を発酵させてつくるが、この発酵に欠かせないものが酵母。酵母は麦汁に含まれるアミノ酸やミネラルなどの栄養を吸収しながら増殖し、アルコールと炭酸ガスをつくる。こうしてビールができるのだが、その時に栄養豊富なビール酵母もできあがるのだ。

このビール酵母を元にできたのがベジマイトであり、一九二三年に発売が開始された。栄養価の高さから第二次世界大戦の際に軍の携帯食として採用され、現在の国防軍も同様に利用している。爆発的な人気が出たのは一九五〇年代。CMソングがラジオで流れ出し、一九五六年のメルボルンオリンピックの時にはテレビCMが流れて、国中で愛用されるようになった。

「CMソングはその頃から歌われ続けているんですよ」

マクギリブレイさんがまた口ずさむ。スポーツの祭典で健康食をアピールすることは、かなり効果的だったのだろう。

＊

「次はベジマイトを使ったスコーンをつくろう」

ライアンさんが準備を始めた。ライアンさんのオリジナルレシピで、砂糖、塩、ベーキングパウダーを加えた小麦粉に、ベジマイトとバター、卵黄、牛乳を入れて生地をつくり、カリカリにしたベーコンとチーズを手際よく混ぜていく。

「オーストラリアではスコーンをよく食べるので、今日のランチ会のとっておきに用意しました」

うれしい心遣いに顔がほころんでしまう。みんなで焼き上がるのを楽しみに待つ間、ふとあることに気づいた。このベジマイト、原産国はオーストラリアだが販売しているのはアメリカのクラフトフーズ社（現モンデリーズ・インターナショナル社）。一九五〇年にフレッド・ウォーカー社は以前から資本参加していたクラフトフーズ社に吸収合併されているのだ。国民食が他国の製品として売られていることをどう感じているのか。

「フレッド・ウォーカー社に限らず、オーストラリアの会社は過去にたくさん買収されているんです。アメリカや日本にね。今は自国の会社が珍しいくらい。でも、ベジマイトの味が変わったわけではありません。オーストラリア人はみんな、自分たちの国の味として誇りに思っているんですよ」

マクギリブレイさんが話す。その言葉をライアンさんが笑顔で継いだ。

「だからあって当たり前。ベジマイトがない生活なんて考えられません。ベジマイトは〝フォーエバー・オーストラリア〟。今までもこれからも永遠にオーストラリアの食べ物です」

＊

スコーンの生地が焼けてきたのか、いい匂いが漂ってきた。

「さあ、ベジマイトスコーンの完成だ」

ライアンさんが熱々のスコーンを出してくれた。サクサクしていてほんのりとベジマイトの風味が漂う。それほど主張せず、生地の甘みを引き立てている。

「これなら苦手な人も美味しく食べられますね」

私がいうとライアンさんは首をかしげて、「いや、ベジマイトが足りないな。塗って食べよう」と私のスコーンにベジマイトをたっぷり塗った。

「いやいや、だからこんなに塗ったらしょっぱいって……」と内心閉口しながら口に入れる。とたんに、ベジマイトが口の中で踊り出した。そうか、このパンチ、このしょっぱさこそが〝オーストラリアの味〟なのだ。

※二〇一七年一月、アメリカのモンデリーズ・インターナショナル社が持っていたベジマイトの商標権をオーストラリアのベガ・チーズ社が購入し、正真正銘のオーストラリア食品となった。

＊

Accent Language／アクセントランゲージ
東京都渋谷区広尾一‐一五‐一六 渋谷橋Aビル五階
☎ 〇三‐五四二二‐八六七七
ホームページ https://www.accent-language.com/

みんな大好き。エジプトの高カロリー食

新聞を読んでいたら、ある食べ物の名前が目に飛び込んできた。

コシャリ。

「豆とご飯、パスタを混ぜてトマトソースをかけたエジプト名物の混ぜご飯」で、「ご飯とパスタを混ぜる」荒技ぶりに「すげージャンク！」と仰天したが、子どもからお年寄りまで広く愛されている国民食だそうだ。

そこで訪れたのが都内有数の高級住宅街として知られる目黒区青葉台だ。この一角に建つ区民センターで月に一度開催されている、エジプト料理のクッキングパーティーに参加するためである。来日三五年で輸入業を営むヤヒヤ・アボ・ショーシャさんを世話役として、毎回さまざまなエジプト料理をつくるこのクッキングパーティー、問い合わせるとコシャリもつくるというので、編集者Tさんとともにやってきたのだ。

＊

調理室ではすでに料理が始まっていた。四つあるキッチン台にエジプトの人びとを中心に、

日本や台湾、モロッコの人たちが、ヤヒヤさんの指示のもとで料理の下ごしらえをしている。壁に貼られたホワイトボードにはファラフェル、バシャメル、キブダ……と一五品ほどの料理名がずらり。「今日はこれを全部つくります」とヤヒヤさんがいった。名前だけでは想像できないものばかりだが、コシャリの文字があることを確認して、ホワイトソースをつくっていたエジプト人女性にさっそく聞いてみる。

「コシャリ好きですよ！」

笑顔で答えてくれたのは、東京外国語大学に留学しているラナ・セイフさんだ。

「家で食べることもあるけど、圧倒的に外食が多いですね。街のあちこちに専門店があって、みんなお気に入りの店を持っているの。一皿三〜五エジプトポンドと安いので学生の味方。学校帰りに友だちとコシャリを食べながらおしゃべりする時間がすごく好きでした」（二〇一八年三月現在、一エジプトポンドは約六円）

改めてどんな料理か尋ねる。

「ご飯にレンズ豆とパスタ、そして素揚げした玉ネギを混ぜてトマトソースをかけて食べます。味付けは店によって違うけど、このスタイルは共通です」

やっぱりB級グルメ感満載のジャンクフードだ！　誤解されるといけないのでいっておくと、B級グルメは私の大好物である。しかし、女子にはちょっと高カロリーじゃないか。そういって笑っていたら、Tさんが「あっちでコシャリつくってますよ」と腕を引っ張る。

＊

さっそくそのキッチン台へと向かう。ご飯はすでに炊飯器の中だったが、「お米にレンズ豆と塩、水、それからサラダ油を入れていた」とTさん。しかも、ヤヒヤさんの「それじゃ少ないよ。もっと入れて！」という声のもとで、けっこうな量のサラダ油が投入されたとか。目の前では玉ネギをこんがりと色が変わるほどに揚げている。

これはちょっとどころの高カロリーじゃない。しかし、若い男子たちは「コシャリだ、コシャリだ！」と何ともうれしそうだ。その男子の一人に話を聞く。カイロ大学からの交換留学生として拓殖大学に通って四カ月というイブラヒーム・ガマールさんだ。

「コシャリは僕が最も好きなエジプト料理です。ファストフード感覚の料理だけど、お母さんの手づくりが一番美味しい。家では一カ月に二回くらい食卓に並ぶんですが、それがすごく待ち遠しかった」

日本に来てからコシャリを食べていないため、初参加となる今回のクッキングパーティーをとても楽しみにしていたという。

「カイロ大学の近くに『タハリール』という有名なコシャリのチェーン店があって、学生はみんなそこで食べていましたよ」

そう話すのはモハマド・ハッサンさん。大学の後輩にあたるイブラヒームさんもうなずく。彼らの話を聞いて高校時代、部活の帰りに仲間と必ず立ち寄ったパン屋を思い出す。パンの味とともによみがえる旧友の顔。コシャリは学生の思い出の味なのだなあ。

＊

コシャリが炊きあがるまでの間、他の料理も見てまわることにした。実はいろいろ話を聞く中で、もう一つ気になった料理があったからである。母国の好きな料理として、何人ものエジプト人がコシャリとともに名前を出した「ファラフェル」だ。

「私の家では金曜の朝食に必ずファラフェルが出ました。エジプトは金曜と土曜が休日で、金曜の朝は家族が集まって食事をするんです。そのために母が早起きしてつくるの。私にとっては〝おふくろの味〟ですね」

ラナさんはそういっていた。モハマドさんの家でも金曜に食べていたそうで、「楽しい休日の味」でもあるようだ。いっぽう、理化学研究所で働くレハブ・アブドルハミッドさんは、「エジプトを代表する料理として会社の同僚に振る舞ったらすごく喜んでくれて、それ以来〝ファラフェルクイーン〟と呼ばれているんですよ」と笑う。

エジプト人が愛するファラフェルはいったいどんな料理なんだろう。そう思いながら見てまわっていると、入り口近くのキッチン台で「おー、ファラフェルだ！」と歓声が上がった。そのキッチン台に駆け寄ると、緑色のペーストを五センチほどの丸型に整えて揚げている。

「空豆でつくるんですよ」とアフメッド・マームードさんが教えてくれた。スエズ運河のほとりにある都市イスマイリアの出身で現在はリビア大使館に勤めているという。

「空豆はエジプトがある北アフリカ原産といわれていて、エジプトではたくさん食べます。ファラフェルはすり潰した空豆に、ニンニクやコリアンダー、ブラックペッパーなどさまざま

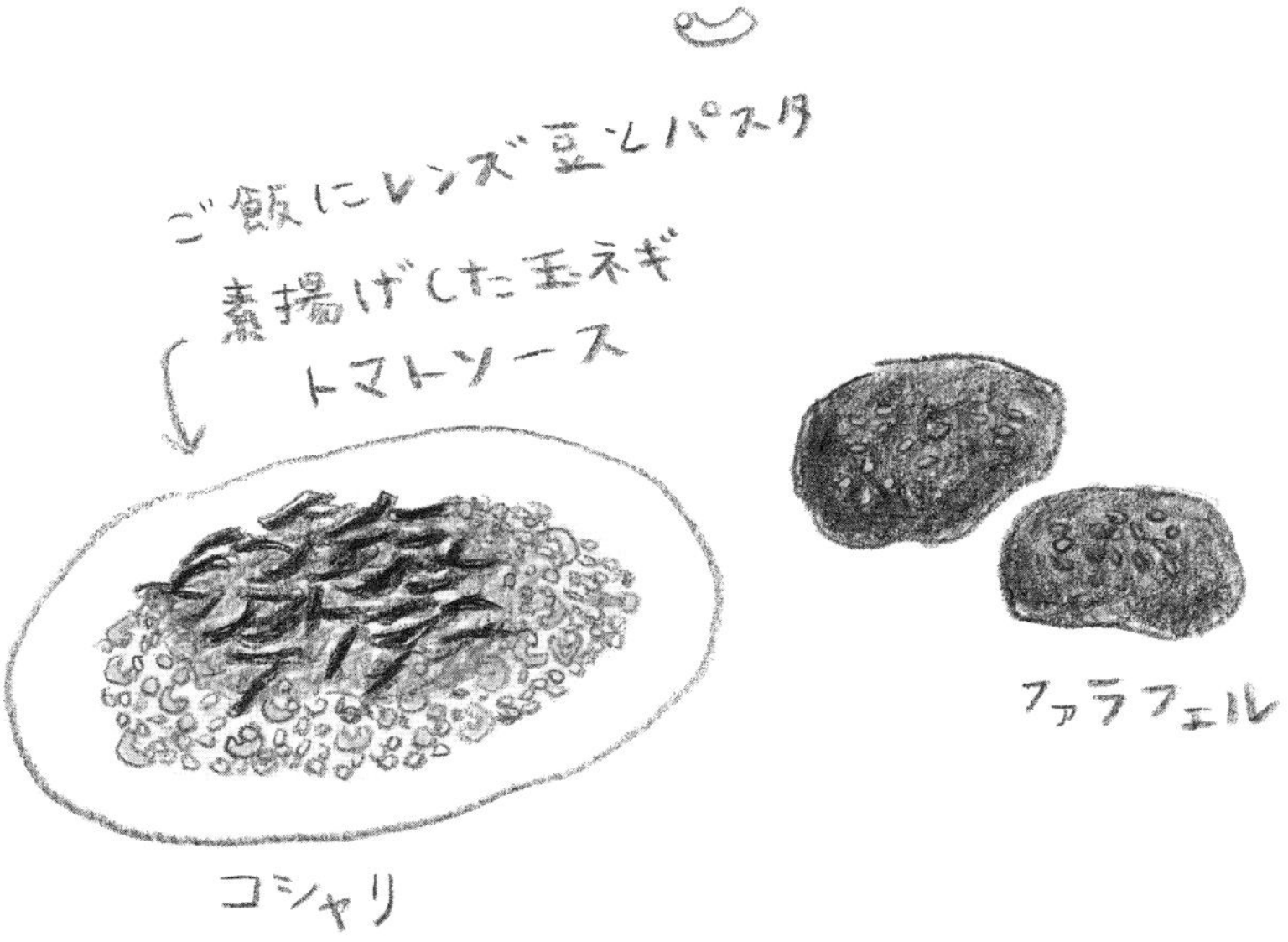

な香辛料をいれてつくる揚げ物です。コロッケに近いでしょうか。味付けはもちろん、ゴマをまぶしたり、サンドイッチの具にしたり、ゆで卵を包んだりと、食べ方も人それぞれなんですよ」

話を聞きながら調理の様子を見ていたが、次々と揚げているのに皿の上は一向に数が増えない。出来上がったそばからみんなが〝つまみ食い〟をしているからだ。「これは食べそこねる！」と何とか一個だけゲット。「エジプト人が待ちきれない味」を口にいれた。

こんがりと香ばしく揚がったファラフェルは、周りはカリッとしているが中はふっくら。香辛料の香りが強いものの味はマイルドで、空豆の甘みが口に広がり、とてもホッとする味だった。

「私の家では毎日食べていました。日本で

*

つくるのは大変だけど、最近は輸入食材店でファラフェルの粉末が売っているので、それを使って時々つくっています」

アフメッドさんの話を聞きながら、口の中に残る余韻を楽しんでいるうちに、コシャリのご飯が炊きあがったようだ。炊きたてのご飯とレンズ豆の甘みを含んだ香りが漂ってくる。今回は材料調達の関係でレンズ豆だけだが、ヒヨコ豆を入れる場合もあるとのこと。さらに、パスタもマカロニとロングパスタの二種類を使うことが多いという。

ご飯とパスタを混ぜ合わせて大皿に盛り、焦げ目があるくらいしっかり素揚げした玉ネギを載せる。「コシャリとはエジプトの言葉で〝混ぜる〟という意味なんですよ」と教えてくれたアフメッドさんが食べ方も説明してくれた。

「トマトソースのほかにビネガーベースのソースもあって、自分の好みに合わせてかけて食べるんです」

コシャリのつまみ食いはさすがに目立つので、テーブルに料理が揃うのを待ってからいただいた。ミートパイやグラタン風の料理などテーブルいっぱいに料理が並ぶ。大皿に盛られたコシャリを取り分けてもらい、目の前に置いた。豆ご飯にパスタが載り、トマトソースがかかっている光景はちょっと異様だ。しかし一口食べたとたん、スプーンを動かす手が止まらなくなった。

ご飯とパスタ、まずこれがまったく違和感がない。ドバドバ入れたというサラダ油もくどくはなく、むしろご飯とパスタを絶妙になじませている。そして、レンズ豆の甘みと甘酸っぱいトマトソースがその炭水化物たちを風味豊かに包み込む。焦げた玉ネギの苦みも味に深みをもたらしているから不思議だ。

「これ、ちょっとはまってしまうかも」

そういってコシャリをかきこむTさん。まさにジャンク、B級グルメなのだが、何ともクセになる味わいなのである。

「エジプトは九割がイスラム教徒なのでラマダン（断食月）があるんですが、ラマダンが明けるとコシャリ店にみんな集まるんです。ラマダン中は日没後もスープなど身体にやさしい軽食が中心なので、こってりとしたコシャリが恋しくなるんですよ」

モハマドさんが教えてくれた。後輩イブラヒームさんも「子どもたちもみんな食べたがりますね」という。

コシャリの店は昔からあるようだが、人気チェーン店の登場など、ファストフード産業としての発展は一九九〇年代に入ってのことだといわれる。七〇年代の経済改革以降、外資が流入したエジプトでは、九〇年代になってマクドナルドなどの外資系ファストフード店が次々と開店していった。同時に、広義のフェミニズム的価値観が浸透し、女性の社会進出も加速して、それまでタブーとされていた未婚男女のカップルのデートが認められるようになり、そのデートスポットとして清潔でオシャレな店が人気となった。そのような風潮の中でコシャリの専門

＊

店も発展を遂げていったのだろう。

パーティーにきていたエジプト人たちが口を揃えて「コシャリは日本でいえばラーメンのようなものかな」といっていたが、七〇年代に外資系ファストフードが日本に参入して外食産業が急成長しだした辺りから、ラーメンもまた多様化して今やひとつの文化となったことを考えると、その通りだなと思う。

自分の皿に盛られたコシャリを平らげ、おかわりをしようと大皿を見るとすでにコシャリはなかった。ファラフェルといい、エジプト人は食べるのが早いようだ……。でも、彼らの食べっぷりは気持ちよかった。「おかわりしそこねたので……ラーメンでも行きますか」とTさん。そうだな、せっかくだし隣町のラーメン激戦区・恵比寿まで歩いて帰ることにしよう。

＊

チュニジアの伝統食は食べ方が大事

二〇一一年初頭から中東・北アフリカの国々で本格化した民主化運動「アラブの春」。その多くが政情不安や内戦状態に陥る中、民主化に成功した国がある。

北アフリカの国、チュニジアだ。

そもそもアラブの春は、チュニジアの失業中の青年が路上販売の取り締まりに抗議して焼身自殺を図った事件がきっかけだった。やがて国内各地で大規模なデモが起こり、独裁政権が崩壊したのである。一九世紀後半に西欧化を図り、フランスの支配を受けていた時期もあるからか、チュニジアはアラブ世界の中では女性の地位が高い。EU諸国との貿易もさかんで比較的リベラルな社会であることが、他国に先駆けて民主化が進んだ理由だろうか。

そんなことを考えてみたものの、私が行き着くところはやっぱり食。自由で勢いがあるチュニジア人のソウルフードはいったいどんなものなのだろうか。そこで、チュニジア共和国大使館から在日チュニジア人の女性を紹介してもらい、話を伺う機会を得た。待ち合わせはJR総

＊

武線の大久保駅にほど近いチュニジア料理レストラン「ラジュール」だ。

「チュニジアンブルー」と呼ばれる鮮やかな青い壁の店内で迎えてくれたのはラリビ・ベスマさんとハジリ・モラドさん。首都チュニス出身のベスマさんは東京農業大学で英語を教えるほか、チュニジアの料理や踊りの教室も開いている多才な女性だ。モラドさんはラジュールの店主で、ベスマさんは時々この店にチュニジア料理を食べに来るという。事前にソウルフードについて話していたという二人の意見は違えることなく一致した。

「ブリックです」

いうが早いか、「まずは食べてみてください」と二人は料理の準備を始めた。百聞は一見に如かず、ということだ。テーブルの上に、生卵や茹でたジャガイモ、ツナ、みじん切りにした玉ネギ、パセリ、ケッパーなどの材料が並べられていく。コンロでは油が火にかけられていた。どうやら揚げ物のようだ。そして、最後に取り出されたのが……春巻きの皮!?

「本当はパスタに使われるデュラム小麦でつくったマルスーカという皮を使うんですが、日本ではあまり手に入らないので春巻きの皮で代用しています」

モラドさんが説明してくれた。傍らでベスマさんが四角い皮を広げ、その真ん中にテーブルに並べた具材をもんじゃの土手をつくるようにサークル状に載せていく。最後に具の中央に生卵を落としてから素早く半分に折って三角形にし、熱した油に投入した。

「卵が半熟なうちに油から取り出すのがポイントです」

＊

そういって様子を見ながら揚げること数分間、ブリックが完成した。三角形の底辺が約二〇センチもある巨大な揚げワンタンといったらよいだろうか、ユニークなかたちの料理だ。

「食べ方も決まっているんですよ」とベスマさん。レモンやライムをしぼってから三角形の両角を持ち、折り目の部分から卵を吸うように食べるのだという。

いわれるがままパクリとくわえる。ジャガイモやツナとほどよく混ざったとろとろの卵が口の中に飛び込んできた。まわりの皮はパリパリと香ばしいが、具材の部分はもっちりとしていて食感の違いがおもしろい。味付けは塩、コショウだけだが、あとからかけたレモンがさっぱりとしていて卵やツナのこってり感を和らげている。

「これは嫌いな人はほとんどいませんね」

なんて感想を述べていたら、半熟卵がとろりと皿にこぼれてしまった。そんな私の様子を見てモラドさんがすかさずいう。

「ブリックはこぼさないように食べなくてはいけません。こぼすと行儀が悪いし、もったいないでしょう。きれいに食べないとお嫁にいけないといわれているんですよ」

えっ、そうなの⁉　ベスマさんも笑って頷いているけれど、それ、食べる前に教えてよ……。

「今回つくったジャガイモとツナのブリックは最もポピュラーなものです。ほかに挽き肉やチーズ、エビを入れたりと、好みや地方によってさまざまなんですよ。でも、もともとは生卵に塩をまぶして皮で包んだ、とてもシンプルなものだったんです」

＊

ブリックがいつ頃から食べられているかはわからないが、マルスーカに使うデュラム小麦はかなり古くからあった。デュラム小麦を使った北アフリカの伝統料理としてよく知られるクスクスは、この地の先住民ベルベル人が紀元前より食べているそうだ。

チュニジアには地中海の覇権争いの舞台としてさまざまな国の支配を受けてきた歴史がある。料理においてもベルベル人の料理に、フェニキア人がオリエント文化を、ローマ人が地中海文化を、アラブ人がイスラム文化をと、多様な文化が持ち込まれて進化を遂げてきたという。ブリックにもその進化を感じたのがベスマさんの言葉だ。

「このブリックとは別に『ブリックダヌニ』というものもあるんですよ」。大きさやかたちが違い、卵は生ではなく皮に載せる前に焼

＊

いて細かく刻み、ほかの具材と混ぜて入れるそうだ。味付けにいろいろなスパイスを使うなど、下ごしらえにも時間を要するという。

「見た目や大きさは揚げ餃子に近いですね」とベスマさん。餃子に似ているとするとまったく違う料理に思えるが、マルスーカを使う点で同じカテゴリになるということか。

「ブリックダヌニはお祝いや来客をもてなす時につくります。普通のブリックはお店でも食べられるけど、ダヌニは家庭でしか食べられない伝統的な料理なんです。各家庭に代々の味があって、母親が家族のために時間をかけ、丹精込めてつくる。だから、食べると家族のありがたみを感じるんですよ」

みんないくつも食べるから、たくさんつくらないといけないのは大変だけどね、とモラドさんは笑う。いっぽう、ベスマさんは祖母からつくり方を教わったと話す。

「一番の思い出は、家に遊びにきた親友と一緒にダヌニづくりにトライした時のことです。まったく上手につくれない私たちを見かねた祖母が、キッチンにきてやさしくつくり方を教えてくれました。その時のブリックダヌニの美味しさは忘れられません」

ああ、なんだか小さい頃によく見た、台所に立つおばあちゃんの背中を思い出すなあ。

「チュニジアには西欧人や周辺国からの移民も多いけれど、ダヌニは家に伝わってきたものなので代々住んでいるチュニジア人しかつくれないんです。母から聞いた話ですが、一六世紀にスペイン人が攻めてきた時に、チュニジアの人びとは家にある貴金属をダヌニの中に隠した

＊

いますそうです。スペイン人たちもまさかその中に財宝があるとは思わず、強奪を免れたと伝わって」

そう話すベスマさん。チュニジアはこの時期にオスマン帝国の支配を受けていた。帝国の影響は料理の面でも大きく、首都があったトルコで今も食べられるボレキ（ボレク）は、属国の国々にも広く伝わった料理として知られている。まさに、小麦粉の皮に挽き肉やチーズなどの具材を入れたり、挟んだりして揚げるものだ。ジャガイモにしても中南米から入ってきた食材。卵だけを入れていたブリックはこうした歴史の変化に適合しながら、チュニジア人になくてはならない料理となっていったのだろう。モラドさんは、チュニジア国民のほとんどが信仰するイスラム教の暦でラマダンの時にもブリックは欠かせない料理だという。

「ラマダンの間は日中断食をして、日が沈んでから食事をとります。その時にスープとブリックを食べることが多いんです。ささっとつくれるし、みんな大好きですからね。そして、ラマダン明けのお祭りではブリックダヌニを食べるんです」

今では街中にブリックの専門店があり、ベスマさんはチュニジアに帰ると家族で食べにいくという。

「首都のチュニスには『エサフサフ』と『ラグレット』という有名なブリックのお店があるんです。帰国すると必ずどちらかのお店に行きますよ」

どちらも地中海に面した街にあり、チュニジア人はもちろん、観光客も訪れる人気店だそう

＊

で、「僕も奥さんと結婚する前、ブリックをテイクアウトして一緒に海岸で食べました。いろいろな話をしながら」とモラドさんもいう。

「チュニジアではジャスミンが有名で、夏になると家の女性にジャスミンの首飾りをプレゼントする習慣があります。幸せな家族の象徴なんです。この間帰国した時はエサフサフに行って、母親に首飾りを贈ってみんなでブリックを食べました。とても思い出深い一日で、その首飾りの一部を母からもらい、押し花にして日本へ持ってきました。私の大切なお守りです」

ベスマさんの言葉に、チュニジアの民主化運動の名称が「ジャスミン革命」であることを思い出した。ジャスミンが国の代表的な花であることからつけられたのだが、そこには「幸せへの願い」も込められているのだ。ブリックが時代に合わせてかたちを変えながら愛され続けていることと、より幸せを得るために国のかたちを変えていこうとする人びとの思いがリンクしたような気がした。民主化に成功しつつも、まだ混乱が続くチュニジア。その幸せを願って、皿にこぼれてしまった卵を皮できれいにぬぐって食べた。

L'azure／ラジュール
東京都新宿区百人町一-二四-八　新宿タウンプラザ二階　A1
☎ 〇三-三三六六-四〇〇四
ホームページ http://www.dalimanagement.com/lazure/

＊

歌まである。ドイツ人が愛するグルメ

「六本木に行きますよ！」

編集者Ｔさんが駆けこんできた。

「えー、もう朝まで踊る体力ないよー」

訴える私にＴさんの冷ややかな視線が突き刺さる。

「何いってるんですか……。すっごく美味しいドイツの食べ物を見つけたんですよ！」

どうやら、Ｂ級グルメ好きなＴさんの琴線に触れる料理に遭遇したらしい。「食べたら絶対に病み付きになるから」と力説するＴさんの迫力に押されて、夜の六本木に繰り出した。

訪れたのは創業二一年目の「ベルンズバー」。日本に数あるドイツ料理店でも知る人ぞ知る名店だそうで、店内にはドイツの国旗や小物、ブンデスリーガのユニフォームなどが飾られている。ボルシア・ドルトムントの香川真司選手やＶｆＬヴォルフスブルク時代の長谷部誠選手のユニフォームなどをしげしげと眺めているうちに、Ｔさんが注文した料理が運ばれてきた。

＊

「これこれ。カリーヴルスト！」

満面の笑みのTさん。料理に視線を移すと直径三センチ、長さ一五センチほどの大きな白いソーセージにケチャップと黄色い粉がたっぷりかかっている。「ヴルスト」とはドイツ語でソーセージという意味だ。いっぽう、「カリー」っていうからには……と黄色い粉の匂いを嗅ぐとやっぱりカレーパウダー。見た目は期待を裏切らないB級グルメというか、ジャンクっぷりである。

前にも述べたが、私もB級グルメが好きだ。そのうえ、ソーセージは大好物である。これはこれはと、笑顔になってさっそくぱくりといただいた。

ほんのりと香辛料がきいたソーセージはムッチムチに肉がつまっている。ソーセージを包み込むケチャップはオリジナルなのか、甘みがやや強くまろやかだ。ケチャップと肉汁が生み出すハーモニー。この組み合わせは鉄板だなあ。そこへ、カレーパウダーのピリリとした辛さが覆いかぶさって、舌を刺激し、胃を刺激する。

正直いって料理を見た時は、ソーセージ本来の味を楽しむにはケチャップにカレーパウダーと、いろいろかけすぎではないかと思った。実際、それぞれの味の主張も強い。しかし、これがジャンクの魅惑。甘さと辛さと肉の旨みが順に押し寄せてきて、もう一口、あと一口と、手が止まらなくなってしまうのである。最後はTさんと取り合いになった。

「カリーヴルストはドイツではすごく人気がある食べ物なんですよ」

＊

店のオーナーであるベルンド・ハーグさんがそう教えてくれた。ドイツの南部出身で、まだ日本にドイツのビールや料理があまり広まっていない頃に、本物のドイツビールを知ってほしいと店をオープンした。カリーヴルストは開店当初から店の看板メニューのひとつだそうだ。うん、確かにこれはビールにも合う。

「メイン料理の前に食べたりもするし、小腹がすいた時にもちょうどいい。店に来るドイツ人もみんなスナック感覚で気軽に食べていますよ」

ドイツでは年間八億食ものカリーヴルストが食べられていて、どこの街にもカリーヴルストを出す店があり、とくにベルリンやハンブルクなどのドイツ北部には専門店も多く、店が軒を連ねていたりもするそうだ。

「ベルリンの道を五分も歩けば、必ず店がありますよ」

ベルンドさんは笑う。そんなに人気のある食べ物だったのか。

「カリーヴルストはソースが決め手。ケチャップとカレーパウダーを使うのは共通しているけれど、そこに店独自の工夫を加えるんです。マスタードを入れたりしてね。だから店ごとに味がまったく違う。みんなそれぞれにお気に入りの店があるし、有名店はいつも行列ができています」

ベルンドさんの店のソースはおばあさん直伝だそうで、つくり方を聞くと「企業秘密だよ」とのこと。そうだよな、ソースが命だもんなあ。ソーセージは豚肉を主体に牛肉や羊肉を加え

＊

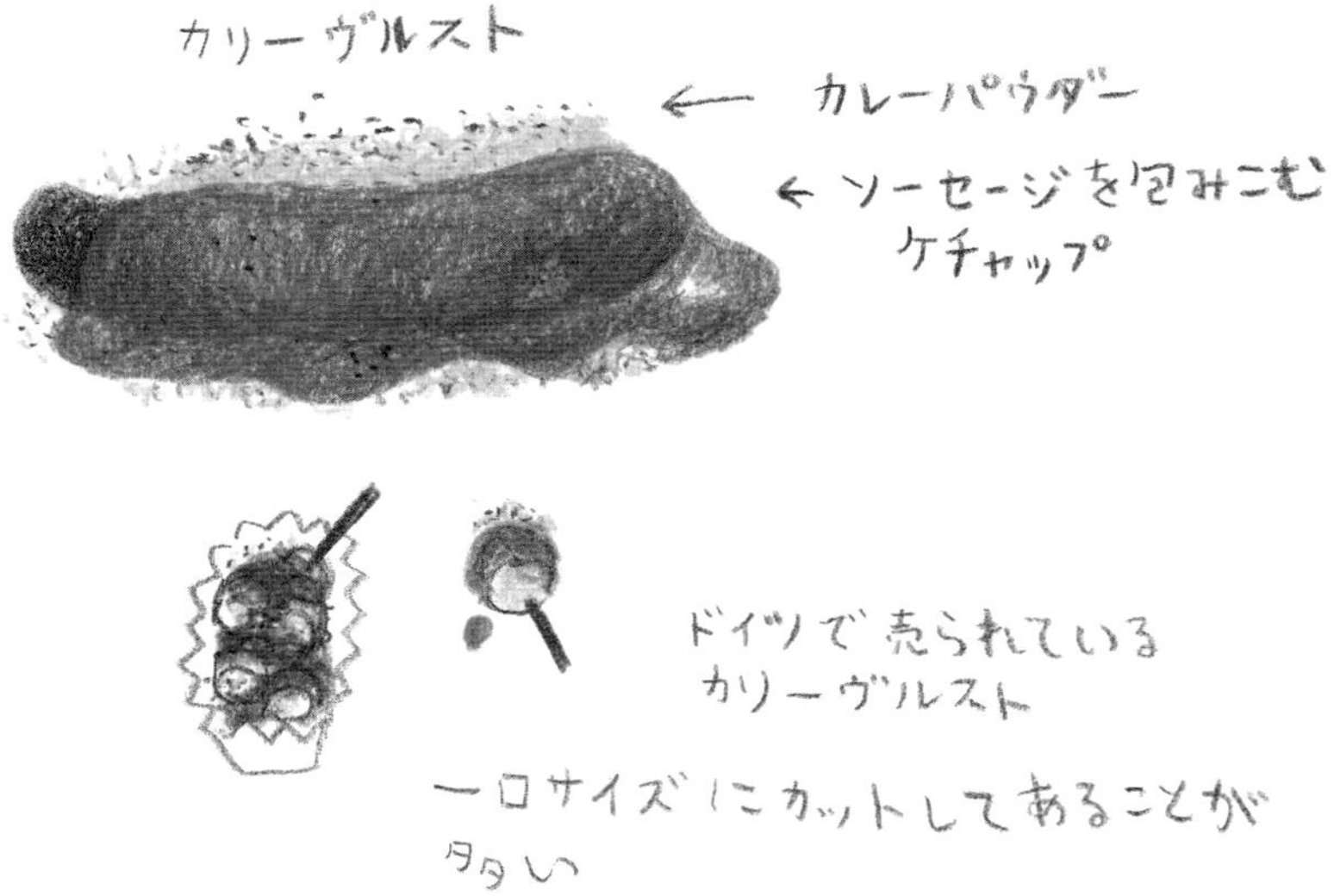

たものだったが、材料はもちろん、焼いたりボイルをしたりと調理法も店それぞれだという。学校帰りや散歩の途中に買って食べたりもするというから、「日本でいえば、たこ焼きみたいな感じ？」というと「そうそう！」とベルンドさんは頷く。

「私の店のカリーヴルストはドイツでも有名なんですよ。日本にカリーヴルストを広めた店として、ベルリンにあるカリーヴルスト・ミュージアムで紹介されているんです」

えっ、カリーヴルストの博物館があるの？　紹介されていることもすごいが、専門の博物館があることに驚いた。そこでは食べることはもちろん、カリーヴルストの歴史や調理法なども紹介しているという。さらには「QWoo」という名の〝ゆるキャラ〟までいるらしい……。どうやら、ドイツ人のカリー

＊

ヴルスト愛は私が思っている以上のようだ。

カリーヴルストは第二次世界大戦後に食べられるようになったという。意外と新しいんだなと思ったが、発祥地はベルリン、ハンブルク、ルール地方と諸説あってどこも譲らず、論争が巻き起こっているらしい。中でも有力とされているのがベルリン説で、博物館は二〇〇九年にカリーヴルストの生誕六〇周年を記念して設立された。その説はこうだ。

一九四九年、ベルリンでソーセージ店を営んでいたヘルタ・ホイヴェルという女性は、戦後の質素な食事に少しでも楽しみを見出したいと思った。そこで、それまでシンプルに焼いたりするだけで売っていたソーセージに、近くに駐屯する英国軍から手に入れることができたケチャップ、ウスターソース、カレーパウダーでソースをつくってかけたところ、あまりの美味しさにたちまち評判になったという。

一九四九年といえば、ドイツが東西に分裂した年であり、ベルリンは分割統治されていた。そうした中で、カリーヴルストのポップな見た目とスパイスの効いた魅惑的な味はドイツの人たちに少なからず元気を与えたのかもしれない。ヘルタ・ホイヴェルはソースに「チルアップ」と名付けて特許登録をし、その登録証は博物館に展示されている。また、彼女の店があった場所には記念碑が立てられているそうだ。

「カリーヴルストの歌もあるんですよ」

ベルンドさんが教えてくれた。ドイツのトップアーティストであるヘルベルト・グレーネマ

＊

イヤーが、一九八二年に書き下ろしたもので、タイトルはそのものずばり『カリーヴルスト』。この曲がきっかけでカリーヴルストがドイツ全土に広まったともいわれるほど、誰でも知っている有名な曲だそうだ。

「歌まであるのかよ!」

衝撃を受けつつ、ライブ映像を探して見てみると、キーボードの弾き語りで思ったより落ち着いた曲だったが、観客は大盛り上がりで大合唱。なんとなく『およげ!たいやきくん』を思い出してしまった。一九七五年に発売されたこの歌は当時のサラリーマンの悲哀を歌ったものともいわれるが、モデルとなったたい焼き屋は現在も行列ができる。カリーヴルストも同じように国民に愛されているのだろう。

カリーヴルストにはさらに、小説まであるらしい。これもまたベストセラーになったようで、『カレーソーセージをめぐるレーナの物語』(河出書房新社)という邦題で日本でも出版されている。敗色の濃いナチス・ドイツのハンブルクで、レーナという女性が脱走兵との恋をきっかけにカリーヴルストを生み出していく様を描いたものだ。この物語を作家の角田光代さんは「カレーソーセージという食べものの話でありながら、ひとりの女性の人生史でもあり、そうしてまた、これは戦争を描いた小説でもある」と評し、さらにこのようにまとめていた。

「カレーソーセージ『発見』までの経緯は、痛快なほどドラマティックだ。脱走兵も、また夫も失ったレーナが生活をたてなおす経緯は、そのまま、敗戦国の復興の歴史である」

＊

カリーヴルストはただのジャンクフードではなかった。ドイツ人に寄り添い、支えてきた食べ物だったのだ。

ベルンドさんにカリーヴルストについての思い出を尋ねてみた。すると、少し困った顔をする。

「小さな頃から当たり前のようにあるから特別にコレというのは浮かばないなあ。日本の人たちがご飯について聞かれるのと同じですよ」

そうか、身近にありすぎて言葉がないというのも、またソウルフードなんだ。そう思いながら帰途について数日後、今カリーヴルストを欲している自分がいる。どうやら私も、カリーヴルストに寄り添ってもらう必要がありそうだ。

BERND'S BAR／ベルンズバー
東京都港区六本木五‐一八‐一　ピュア六本木二階
☎ 〇三‐五五六三‐九二三二
ホームページ http://berndsbartokyo.com/

＊

ベルギーは誰もが知るあのスナック発祥の地

「あの行列は何だろう⁉」

二〇一四年の三月上旬、千葉の幕張メッセで開催された「フーデックス ジャパン(FOODEX JAPAN)」を訪れた時のことだ。フーデックスとは毎年、世界八〇の国と地域から約二八〇〇の食品・飲料メーカーなどが出展する(年により数は異なる)、アジア最大級の食品・飲料展示会。つまり、メーカーとバイヤーの商談が主な目的なのだが、世界各国の食が集まると聞いて編集者Tさんと取材にやってきたのである。

行列ができていたのはベルギーの出展ゾーンだった。並んでいる人に尋ねたところ、「揚げたてのポテトが試食できる」という。「私、無類のポテト好きなんですよ！」と目を輝かせるTさんに連れられて最後尾に並ぶ。

しばらくして順番がまわってきた。何種類かあるが、どれも一口サイズで丸っこい。

「うまい！」

＊

いち早く口の中に入れたTさんが感嘆の声を上げた。こういう時はさすが素早い……と思いつつ、私も口の中へと放り込む。まわりは熱々のサクサクだが、中はとてもクリーミー。マッシュポテトを揚げたもののようで、ほんのりと甘く、疲れを癒してくれるようなやさしい味わいに思わず顔がほころんでしまう。

「もう一回、並んできます！」

いうが早いか、列の最後尾につくTさん。取り残されてしまったので、出展者に話を聞いてみることにした。

出展していたのは海外の食品などを輸入・販売している日本の会社で、主力商品であるベルギーのポテトを紹介しているという。担当の方の話では、ベルギーの人たちは毎日ジャガイモを食べていて、ジャガイモの加工会社も多く、加工食品の生産量は世界一、二を争うそうだ。

ベルギーの面積は約三万平方キロメートルで九州の四分の三程度しかなく、人口も一一〇〇万人ほど。ヨーロッパはジャガイモをたくさん食べる国が多いが、ベルギーのような小さな国がジャガイモ加工食品の世界トップとはおもしろい。

そこでベルギー王国大使館を訪れた。快く応じてくれたのがベルギー東部の都市リエージュ出身のクレール・ギスレンさん。ベルギーのジャガイモ事情を尋ねると、「ベルギー人にとってジャガイモは主食。日本人のお米と同じです」という。

「必ず毎日食べますよ。加工品も充実していますが、ジャガイモ自体の種類も多くて、スー

＊

パーには常時一〇種類ほど並んでいます。日本よりずっと安く、五キロで二ユーロ（二〇一八年三月現在、一ユーロ＝約一三一円）くらいです。五キロ単位で買うのが普通ですね。ボイルドポテトやマッシュポテト、それからスライスして炒めたりと食べ方もさまざま。メイン料理に合わせて食べ方を変え、その調理法に適したジャガイモを選ぶんです」

さらに、クレールさんはこういった。

「中でもフリッツは特別ですね」

フリッツ（地域によってフリット、フリテンとも）とは、いわゆるジャガイモを細長く切って油で揚げる「フライドポテト」のことだそうだ。フライドポテトといえばファストフードの定番じゃないか。それがなぜ特別なのか。そう問うと、クレールさんは少し誇らしげに笑って答えた。

「フリッツはベルギーが発祥地なんです」

なんと、てっきりアメリカの食べ物だと思っていた。いや、「フレンチフライ」ともいうからフランスか……とにかく、ベルギーとは意外だ。詳しい歴史については「ミディベル」というベルギー国内三位のジャガイモ加工会社の営業部長、ノエル・ベルゲンストさんが教えてくれた。

「一説によると、フリッツの発祥は一七世紀後半。ベルギー南部のワロン地域にあるナミュールという都市の周辺では、街を流れるムーズ川で小魚を獲って油で揚げて食べていまし

＊

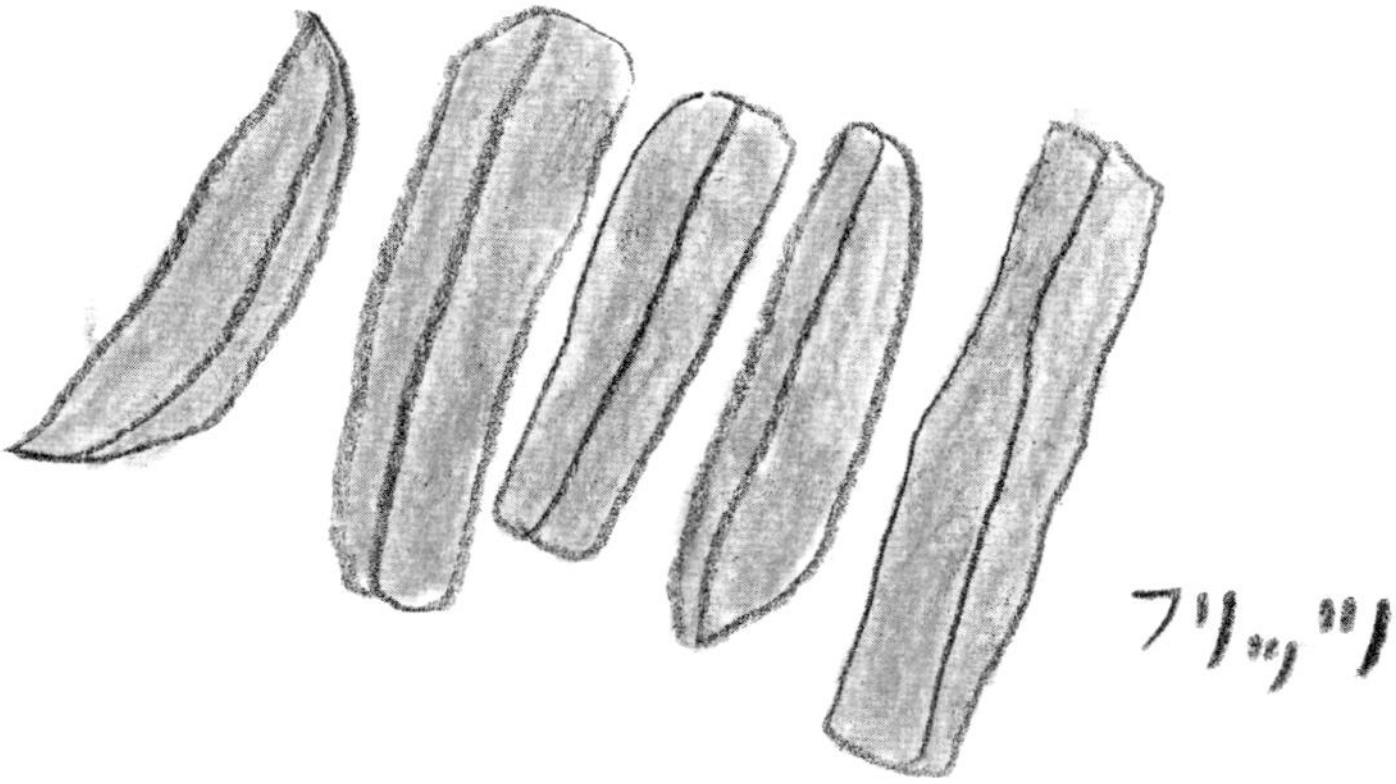

た。しかし、ある寒い冬、ムーズ川が凍って漁ができなくなってしまった。そこで、ジャガイモを小魚のかたちのように細長く切って揚げたらとても美味しくて、食べられるようになったといわれています」

一六世紀に南米からヨーロッパに渡来したジャガイモは、栄養価が高く、寒冷で痩せた土地でも育つことから、凶作の際に飢えをしのぐ食べ物として広まった。保存がきくので冬はとくに重宝されたようだ。フリッツは食料が乏しい中で人びとが生み出した、とっておきのアイデア料理だったということか。

「小さい頃はフリッツを食べるのが楽しみでした。切って揚げるのが手間なこともあって、食卓に出るのは週に一回くらい。だから、フリッツが出るとお祝いの日のようにうれしかったなあ」

＊

今はオーブンでもつくれる冷凍食品があるので、ノエルさんは週に五回くらい食べているそうだ。いくら何でも食べ過ぎでしょ……。そういうと、ノエルさんは笑って答えた。

「それが、とても健康なんですよ。だから心配していません。私が生まれた村には毎日フリッツを食べている九五歳のおじいさんがいました。彼は九五歳とは思えないほど元気いっぱいで、周りにはいっつも若い女の子がいるんです。私は週に五回だから、まだまだ足りないくらいですよ（笑）」

九五歳にして現役とは……フリッツのパワー恐るべし。

いっぽう、学校帰りに友だちと一緒によく食べた、と話すのはクレールさんだ。

「ベルギーにはどんなに小さな村でも、必ず一軒はフリッツのお店があるんです。学校帰りにお腹がすくとフリッツ屋さんに寄るのは決まりのようなもの。揚げたてなので、冬はとくによく食べました。今でも一パックで二・五ユーロほどなので学生でも気軽に買えるんです」

身近でありながら特別感もあるということか。しかし、フライドポテトは日本でもスタンダードな食べ物だ。そう話すと、「まったく違うものです！」とクレールさんは力強く否定する。

「日本のフライドポテトは細くてやわらかいものが多い。味も薄いので食べた気がしません。フリッツは太くて身がしっかりしていて、ジャガイモの味も濃厚。周りはカリカリで……ああ、考えただけで食べたくなってきました」

＊

そんなことをいわれたら私だって食べたくなる。そこで、ベルギーのフリッツが食べられるという東京・渋谷区広尾にあるフライドポテトの専門店「アンド ザ フリット」を教えてもらった。

確かに、某ファストフードのような細いポテトではなく、太さが一センチ角ほどあってずっしりと重い。揚げたてなので、やけどしないように気をつけて口に入れた。

カリッとした外側に反して、中はホクホク。塩気も強くなくて素朴だが、そのぶんジャガイモの甘みがしっかりと感じられる。自然の旨みがとてもよく出ているのだ。クレールさんのいうことがわかった気がする。

＊

「ベルギーでは一二ミリの太さが基本です」

そう教えてくれたのは、この日の案内を買って出てくれたバート・ウィンデリックスさん。バートさんは、ベルギー最大のジャガイモ加工会社「ルトサ」の日本の責任者だ。この店のベルギー産ポテトもここのものだという。

「フリッツに使うのはビンチェという品種で、黄色くて旨みが強く、崩れにくいジャガイモです。揚げ方にもコツがあって、最初は一六〇度くらいでじっくり揚げ、食べる直前にもう一度、一七〇～一七五度で三分ほど揚げる。二度揚げすることで外はカリッと、中はホクホクになるんです。昨今は健康志向なので植物油を使う人が多いですが、動物性の油のほうがよりコクが出て美味しいですよ」

バートさんは馬の油で揚げるのが一番好きだそうだ。そして、食べる時はマヨネーズをつけるのがベルギー風だという。店の自家製マヨネーズはさっぱりとしていて、ピンチェの甘みを引き立てる。

「ケチャップで食べるのが普通だと思われていますが、あれはアメリカのファストフードが広めた食べ方です。ベルギーのフリッツ専門店では二〇〜二五種類のソースが選べるようになっていて、ケチャップもありますが、伝統的な食べ方はマヨネーズなんです」

「フレンチフライ」の名前も、アメリカが端緒だとバートさんはいう。第一次世界大戦でアメリカ兵がヨーロッパにきた時、現地の人間がフリッツを食べていた。彼らはフリッツを本国に持ち帰るが、現地の人間がフランス語で話していたことから、フランスのフライドポテトだということで、〝フレンチフライ〟と呼ぶようになったそうだ。

「でも、彼らがフランスだと思っていた場所は隣国のベルギーだったんです。ベルギーの公用語はフランス語、オランダ語、ドイツ語と三つありますから」

バートさんは続ける。これは一説であり、他にも「to french」が「細長く切る」という意味を持つからという説もあるが、フランスでもフリッツの発祥はベルギーだと認識されていて、ベルギー人としてはフレンチではなく「ベルジアンフライ」と呼んでほしいところだそうだ。

「ベルギーでは多くの家庭が庭でジャガイモをつくっています。家には必ずフリッツ専用のフライヤーとカッターがあるし、専門店は国内に約五〇〇〇店舗以上。家から自転車で五分も

＊

行けば必ずあって、忙しい時は鍋いっぱいに買ったり、日本のラーメンのようにお酒を飲んだあとに食べたりします。ベルギー人の生活に溶け込んだ食べ物なんです」

クレールさんにしてもバートさんにしても、フリッツの話を始めたら止まらない。すごいこだわりだった。日本人が美味しいお米を炊く時に、品種や研ぎ方、水加減にこだわるのと同じようなものかもしれない。そして、発祥地としての誇り。ベルギー政府は二〇一四年、フリッツを無形文化遺産として登録したという。正直、フライドポテトは添え物だと思っていたが、そんな概念をくつがえされたソウルフードであった。

AND THE FRIET-HIROO／アンド　ザ　フリットー広尾
東京都渋谷区広尾五−一六−一　一階
☎ 〇三−六四〇九−六九一六
ホームページ http://www.andthefriet.com/

＊

行事を彩る食べ物

ラオスのお正月で食べた幸福の皿

「ラオスにはお正月が一年に三回ある」

以前、知人に聞いてから気になっていた。三回とは一月一日、旧正月（一月下旬〜二月下旬頃）、そして四月中旬。ラオスでは上座部仏教（小乗仏教）を信仰し、それに基づいた仏暦が用いられている。最近は西暦もよく使われ、また華僑が多く住むことから一月一日と旧正月も祝うが、本来は西暦の四月中旬頃が新年にあたるため、最も重要な正月なのだという。ちなみに同じメコン川流域にあるタイ、カンボジア、ミャンマーも同様である。

日本でお節料理やお雑煮を食べるのが慣習であるように、ラオスにも正月の料理はあるのだろうか。そんな興味を抱いていた四月のある日、東京都港区にある駐日ラオス大使館で新年のイベントが行われることを知り、期待を胸に出掛けたのである。

＊

大使館は日本に住むラオス人を中心に多くの人で賑わっていた。民族衣装を着た女性もいて、とても華やかだ。

「ラオスの新年は〝ピーマイラオ〟といいます」

そう教えてくれたのは、大使館に勤務するプヴォン・タマウオンさん。ピーが「年」でマイが「新しい」の意味だという。さっそく、プヴォンさんに、ラオスの正月料理について尋ねた。

「日本のようなお正月料理はないんですよ」

そうなんだ……予想外のプヴォンさんの言葉に肩を落とす。そんな私を見てプヴォンさんは

「でも、必ず食べる料理はありますよ」とにっこり笑って、料理がある場所へ連れて行ってくれた。ビュッフェ形式のテーブルにさまざまな料理が並ぶ中、プヴォンさんはひとつの料理を指さしていった。

「ラープです」

叩いて細かくした肉を香草や野菜と一緒に炒めた料理だという。上には青々としたミントの葉がまぶしてあって、独特な芳香が漂ってくる。

「ラープという言葉には〝幸福〟という意味があります。だから、お正月や誕生日などおめでたい時には欠かせない料理なんです」

プヴォンさんがラープをお皿に取り分けてくれた。ラオスの主食であるもち米と一緒に食べるのが一般的だという。さっそく食べてみる。

たちまちにミントやパクチーの独特でさわやかな風味が口の中に広がった。それから、豚肉の味が舌に伝わる。肉には東南アジアならではの魚醬の旨みに柑橘類の酸味、唐辛子の辛みが

＊

ほどよいバランスで絡み合っていて、噛むほどに味わい深い。そして、ほのかに感じる香ばしさ。これは何だろうと、プヴォンさんに問う。

「炒ったもち米を入れるのがラープの特徴です。それに、今日は豚肉ですが、牛肉や鶏肉、魚介類でつくることもあります。私は牛肉のラープが一番好きです」

話を聞いているうちに完食してしまった。おかわりを求めて料理コーナーに行くと長蛇の列ができている。並びながら周りの人と会話を交わすうちに、耳よりの情報が入ってきた。「翌週、在日本ラオス文化センターでも新年を祝うイベントがある」というのだ。そこでもやっぱりラープはあるのだろうか。興味が湧いた私はイベントにお邪魔することにした。

＊

神奈川・愛川町にある在日本ラオス文化センターへは、JR横浜線の淵野辺駅から車で二〇分ほど。緑に囲まれて戸建て住宅が点在するのどかな地域にある。しかし、センターを見た瞬間、思わず驚きの声を上げてしまった。金色の仏塔が立っているのだ。入り口にもやはり金色の龍を描いた看板が掲げられ、ラオスの国旗が風になびいている。その異質な光景は、一瞬ここが日本だということを忘れてしまうほどだった。

入り口までラオスの人たちであふれかえっていて、何がどうなっているのかわからない。うろうろしていたら、一人の男性に声をかけられた。

「ごはんは食べましたか？」

なんで私がラープを探しているとわかったんだろう……。不思議に思いつつも、「いいえ、

そういって男性は奥に案内してくれた。そこには一〇メートルほどの長さに組まれたテーブルに、さまざまな料理が所狭しと並べられていた。ラープは……あった、あった。大皿にたっぷりと盛られている。

「何を食べますか?」と先ほどから気にかけてくれるのは、シーパンドーン・サイサナさん。新年を祝うために奥さんと東京のあきる野市から来たという。「ラープが食べたい」というと、

「ラープは私の一番好きな料理です」と微笑んでお皿に盛りつけてくれた。

ここのラープも豚肉だった。ただ、豚の耳も入っていてコリコリとした歯ごたえが小気味いい。大使館で出たものと味付けはそれほど違いがないが、辛さは控えめ。炒ったもち米の香ばしさも強く、これまたペロリとたいらげてしまった。

「ラオス人はみんなラープが大好き。食べると元気になるんです。お祝いだけでなく、自宅で友人をもてなす時にも必ず出すんですよ」

日本人が寿司や刺身で客人をもてなすのと同じ感覚ではないかと、シーパンドーンさんはいう。つくり方を聞くと、「ラオスの男性は料理をしないから」とのことで、奥さんのブンライさんが教えてくれた。

「まず、肉を刻んで細かくし、よく炒めます。それから炒ったもち米とみじん切りにした玉

＊

まだです」と答える。

「じゃあ、こっちですよ」

ラープ

ネギや長ネギ、パクチー、ミントを入れてさらに炒め、魚醬、塩、唐辛子、レモン汁などで味をつけて完成です」

　これは基本的なつくり方で、家庭ごとに少しずつ違うという。

ラープに満足し、夫妻にお礼を述べてセンター内を見てまわる。するとまた声をかけられた。

「ごはんは食べましたか？」

　振り向くと年配の男性。このセンターを運営するＮＰＯ法人在日本ラオス協会の事務局長・新岡史浩（旧名レック・シンカムタン）さんだ。事情を話すと、料理のことならと、ラオス料理店を営む高山ビルンさんを紹介してくれた。

＊

「ラープはラオス人がお店で一番注文する料理です。でも、日本のお客さんはラープがタイ料理だと思っている人も多いんですよ」

ビルンさんの話では、ラープはラオスと国境を接するタイの東北部イサーンの名物料理としてタイ全土で知られているそうだ。しかし、ラオスには一八世紀頃にタイの属領だった地域もあり、イサーンにはラオスと同じラオ族が居住している。言語もラオスの言葉に近い。タイの主食はうるち米だが、イサーンはもち米を主食とするところも同じだ。ラープはラオスからイサーン、そしてタイ全土に伝わっていったのだとビルンさんは

＊

いう。

「ラオスのラープもタイのラープもそれほど変わりません。でも、ラオスのほうが香辛料が少ないのでややマイルドですね。そのぶん、香草をたっぷり入れます。日本人にはラオスのほうが食べやすいのではないかしら」

ラオスは日本の本州と同じくらいの二四万平方キロメートルの国土に約六五〇万人が住むが、そのうちの八割が農業に従事している。しかも多くが自家消費を目的として、もち米や野菜、香草をつくっているという。

「私は日本に来てからも唐辛子や香草をつくっていますよ」

そう話すのは、在日本ラオス協会の会長・久永広喜（旧名チャンナコン・チャンスット）さんだ。

「育てた野菜はラオス人同士で売買したり分け合ったりしています。ラオス人は神奈川中部や東京西部にたくさん住んでいますが、ほとんどが難民として日本に来ました。だから助け合いの心がすごく強いんです」

＊

一九七五年にベトナム戦争が終結するにともない、ラオス、ベトナム、カンボジアのインドシナ三国では新しい政治体制が発足した。しかし、新体制は国内に混乱をもたらし、多くの人びとが難民として国外へ脱出。日本ではそうしたインドシナの難民を二〇〇五年まで受け入れていた。一九七九年末に来日した新岡さんは日本が受け入れたラオス難民の第一号であり、久永さんもほぼ同時期に来日したという。

「当時は神奈川の大和市に難民を支援する大和定住促進センター（以下、大和センター）がありました。みんな最初はそこに何カ月か住んで、日本語を教わったり仕事を紹介してもらったりするんです。神奈川中部、東京西部にラオス人が多いのも大和センターがあったから。在日本ラオス文化センターは一九九八年に閉館した大和センターの代わりに設立されたのです」

今のセンターは在日ラオス人の拠りどころになっていると新岡さんはいう。いっぽう、久永さんは来日した頃の思い出を話してくれた。

「大和センターでも庭でミントやレモングラスなどの香草を栽培していました。食堂で食事が出るんですが、やっぱりラオス料理が恋しい。育てたミントでラープをよくつくりましたよ」

久永さんの言葉を受けて「私が最初に知ったラオス料理がラープでした」というのは、同協会の監事・伊藤裕子さん。かつては大和センターの職員だったそうだ。

「日曜に子どもを連れて様子を見に行くと食事を振る舞ってくれるんです。『ごはんは食べましたか？』といって。そこで食べたラープはすごく美味しかった。うちの子どもはラオス料理が大好きなんですよ」

「ごはんは食べましたか？」

今日何度も聞かれた言葉だ。そのことを話すと久永さんがやさしく微笑んだ。

＊

「ラオス人の親しみを込めた挨拶なんです。日本人が『元気ですか？』と聞くのと同じ。食べてなければもてなす。たくさん食べて満足して帰ってもらいたい、というのがラオス人の気持ちなんです」

そうか、ラオスの人たちが声をかけてくれたのはそういうことだったのか。そして、来客をもてなす時につくるラープは、ラオス人の相手を思うやさしい気持ちがつまった料理なのだ。〝幸福〟をおすそ分けするのだから。

＊

お祝いの宴に並ぶハワイの伝統料理

寒いのが苦手だ。暦の上では立春だが、厳しい寒さが続いている。こんな時はつい、温かいものを求めてしまう。鍋、温泉……いや、いっそ常夏のハワイにでも行ってしまおうか。そんな現実逃避が、今回のハワイ料理探訪のきっかけだった。

ハワイといえば、最近はパンケーキが日本で大人気。ふわっふわの生地に果物や生クリームがたっぷりと載っていて、甘党にはたまらない一品だ。二〇〇〇年代初頭には、ご飯の上にハンバーグと目玉焼きが載ったロコモコが流行った。たびたび日本でブームを巻き起こしているハワイアンフードだが、ソウルフードもパンケーキなのだろうか。そう思って東京・赤坂のハワイ料理の店「オゴ・オノロア・ハワイ」に出向いた。常夏気分を味わえることも期待して。

＊

「ソウルフードの定義はとても難しいですね」

ハワイアンミュージックが流れる店内。ハワイアンキルトのクッションにもたれてハワイ気分に浸っていると、オーナーシェフのリョウジさんが語りだした。

「ハワイは移民の土地です。フィリピン系であればフィリピンの、中国系なら中国の料理が〝ソウルフード〟になるので、一概にいえないんですよ」

アメリカ商務省の国勢調査（二〇一〇年）によると、ハワイの人種構成は白人系二四・七パーセント、フィリピン系一四・五パーセント、日系一三・六パーセント、ハワイアン五・九パーセントとなり、以下中国系、韓国系と続く。リョウジさんの家は日系で、やはり家庭では和食が多かったそうだ。

「ただ、ハワイの伝統料理はあります。ルアウに欠かせない料理です」

ルアウって何だろう？

リョウジさんの説明によると、子どもの誕生日（とくに一歳）や結婚式などのお祝いに催されるハワイ伝統の宴のこと。ここで出される伝統料理は人種に関係なくみんな食べるのだという。その中で最もよく食べられている料理を問うと、リョウジさんは「私の一番好きな伝統料理です」といって、それを出してくれた。

「ラウラウです」

ハワイの言葉で「包む」を意味するとおり、葉のようなものに包まれたこぶし大の料理だ。熊野地方などの郷土料理「めはり寿司」によく似ている。あるいはロールキャベツか。「中には何が入っているんですか？」と問うと、「まずは食べてみてください」とリョウジさん。そこでラウラウにナイフを入れるとジュワーッと汁があふれ出た。その光景に胃袋が刺激される。

＊

これは旨みたっぷりの肉汁だ。葉に包まれているのは豚肉のようで、ギュッとつまっていて噛み応えもある。葉はやわらかくて茶葉のような風味。独特な甘みが肉の味に変化を添える……って、これ豚肉だけじゃないぞ。なにか白い身が入っている。塩気くらいしかないシンプルな味付けなのに、噛むほどに複雑な味わいになっていく。

「豚の肉と脂、鶏肉、鱈の身をタロイモの葉で一緒に包んで蒸したものです」

リョウジさんが教えてくれた。なんと、肉が二種類に魚まで入っているのか。宴の料理だけあって贅沢だ。ほおばりながらいうと、

「いやいや」とリョウジさんは首を振る。

「このスタイルは食材が豊かになってからのこと。昔のラウラウは魚だけだったんですよ。ハワイには家畜がいませんでしたから」

＊

諸説あるものの、火山活動によって形成されたハワイに人類が住むようになったのは約一五〇〇年前とされている。マルケサス諸島に暮らすポリネシア系の人たちが移住してきたのだ。人びとは魚や鳥を獲り、タロイモやバナナなどを栽培して食していたとリョウジさんはいう。

「ハワイに住む人が最初に食べた家畜は犬だといわれています。犬や豚はアジアなどからポリネシア、そしてハワイへと伝わってきたのです。だから、最初は階級の高い者しか食べられないような貴重なものでした。ハワイではイムで料理をつくるのが伝統ですが、できたものはまず階級の高い者が食べ、残ったものを庶民が食べるので、豚肉などの貴重な食べ物には一般人はなかなかありつけなかったそうです」

イムとは地面に穴を掘ってつくる土窯だ。底に熱した石を敷いて食材を入れ、バナナの葉などでフタをして蒸し焼きにする。ラウラウもタロイモの葉を巻いたあとに、さらにティ（和名はセンネンボク）の葉で包んでイムで蒸し焼きにするのが本来のつくり方だという。

「電気がなかった時代の伝統的な調理法です。ラウラウに限らず、伝統料理の多くはイムでつくったし、今でもルアウの時にはイムで調理します。とくに、カルアピッグは最高ですね」

なんだなんだ、最高の料理とは気になるではないか。カルアピッグとは「蒸し焼きの豚」という意味。豚のお腹から内臓を取り出して塩を塗りこみ、熱した石をつめて一頭丸ごとバナナの葉で包む。それをイムで一日かけて蒸し焼きにするという。お祝いの席にぴったりの豪快な料理だ。カルアピッグも店にあるというので食べさせてもらうことにした。

＊

もちろん、お店は一頭丸ごとではないが、肉は細く割いて皿に盛るのが一般的だそうだ。じっくりと蒸し焼きにされた肉に余分な脂はない。バナナの葉に包んで長時間蒸し焼きにするからか、燻製のような奥深い味。食べ物は水分量が少ないほうが長持ちする。常夏の島で食べ物を保存するという意味でも、イムは理にかなったものだった。

しかし、ラウラウもカルアピッグも味付けがとてもシンプルだ。保存性を高めるという意味では香辛料を使う方法もあるが、リョウジさんによると「ハワイの伝統料理の多くは塩のみで味付けする」とのこと。ハワイに本格的に欧米人が訪れたのは一八世紀後半。それまでこの火山島には大きな文化の流入がなかったため、調味料も限られていたのだろう。

「ハワイでは昔から塩田で塩をつくっていました。火山性の土壌なので鉄分やカルシウムなどのミネラルがとても豊富なんですよ」

リョウジさんがハワイアンソルトを見せてくれた。土が赤いため、塩も赤い色をしているという。なめると少し甘みを感じる、味に奥行きのある塩だった。シンプルな料理ながら旨みたっぷりなのは、この塩の役割も大きいようだ。

＊

「うちは祖母の両親がハワイのマウイ島に移住したのが始まり。祖父が広島出身でハワイと日本を行き来していたものの、僕も兄弟もずっとハワイで育ちました。家は和食中心でしたが、住んでいた地域は日系のほか、フィリピン系とハワイアンも多かったので、子どもの頃からハワイアンの友達の家でラウラウなどをよく食べていました。今は少なくなっているようですが、学校の給食にもルアウの日があったので伝統料理はとても身近なんですよ」

そして、それは日本に住むハワイアンも同じ。奥さんの空中元子さんと店を開いたのは二〇〇三年頃のこと。

「初めはハワイ風の居酒屋をやるくらいの気持ちでした。でも、ハワイ出身のお客様の、『ラウラウを食べたい』『カルアピッグはできないの?』という希望の声が多くて、今のようなハワイの伝統料理やローカルフードを出すようになったんです」

元子さんが笑う。今では、ラウラウのために元子さんの実家でタロイモの葉を無農薬栽培しているほどだ。

その伝統料理は、ハワイ本土でも再び注目されているようだ。リョウジさんが住んでいた頃、伝統料理はルアウか家庭で食べるもので、レストランなどで食べることはほとんどなかったが、近年はラウラウの専門店もできているのだという。

「ハワイのトップシェフたちが組合をつくって、ハワイの素材や伝統を生かした料理をホテルやレストランで積極的に打ち出したりもしています」

＊

日本人をはじめ多くの人びとが移住し、やがてアメリカの州となってリゾート地として発展したハワイ。さまざまな食文化が入り混じってきた中で、伝統料理はずっとハワイの人たちの心に根付いてきた。そして、それらの料理が見直されているという今、次に日本でブームを起こすハワイアンフードはラウラウかもしれない。

Ogo Ono-Loa Hawaii／オゴ・オノロア・ハワイ
東京都港区赤坂五-一-四　いそむらビル五階
☎ 〇三-三五八五-五三三七
ホームページ http://www.ogohawaii.net/
※冬季はタロイモの葉が収穫できないため、二月中旬から四カ月ほどラウラウはお休みとなります

＊

色彩豊かな
ロシアのクリスマス

正月早々引いた風邪がようやくおさまった一月の下旬、私は横浜の桜木町駅に降り立った。この日、市内のある施設で開催される「ヨールカ祭」に参加するためである。ロシアのソウルフードについて調べていたところ、「ロシアの代表的な料理が出ますよ」とパーティーを主催するNPO法人神奈川県日本ユーラシア協会の副理事長・関戸真哉さんにご招待いただいたのだ。

「ヨールカ祭とはロシアのクリスマスと新年を祝うパーティーのこと。国民の多くがロシア正教を信仰するロシアでは、旧暦（ユリウス暦）の一二月二五日をキリストの降誕した日と捉えているんです。それが現在の暦では一月七日にあたるので、この日にクリスマスを祝うんですよ」

関戸さんの説明によると、日本と旧ソビエト連邦の国々との交流を目的に設立された神奈川県日本ユーラシア協会では毎年ヨールカ祭を開催しているが、七日が日本では正月の休み明け

＊

になるため、一月下旬に日にちをずらしているそうだ。

「正月の後にクリスマスというのも不思議な気分だなあ」と思いながら会場に足を踏み入れると、一五〇ほどある席はすでにほとんど埋まっていた。ロシア系と思われる人が半分弱くらいだろうか。食事はビュッフェ形式で、会場の一角にサラダやスープ、肉料理、餃子のようなものが並んでいる。パーティーが始まると、みなが一斉に食事を取りに動き出した。

人の流れに飲み込まれて出遅れてしまったようだ。料理の前にはすでに人だかり……って、よく見るとひとつの料理にだけ長蛇の列ができている。「なんだこの人気ぶりは⁉」と驚いて、近くにいた女性に尋ねてみる。

「ボルシチですよ」

教えてくれたのは、タチヤーナ・クジコーヴァさん。ロシア、ウラル山脈の麓にあるペルミという都市の出身で、今は横浜市内でロシア料理を教えているという。

「ロシアで最もよく食べられている料理です。冬にボルシチを食べると身体がすごく温まるんですよ」

ボルシチは日本でも有名なスープだが、列ができるほどロシア人の支持を得ているのか。そう問うと、タチヤーナさんが教えてくれた。

「日本ではビーツが手に入りにくくて、なかなかつくれないんです。ビーツがないとボルシチは成り立ちませんからね」

＊

ビーツとはカブに似た赤い色の野菜だ。地中海沿岸が原産地とされ、ロシアではボルシチのほか、サラダに入れるなどいろいろな料理に使われるそうだが、日本ではあまりつくられておらず、高級スーパーや百貨店などで主に扱われている。

私も行列に並んでボルシチを食べてみた。「ボルシチの色はビーツの色です」というタチヤーナさんの言葉どおり、鮮やかな赤い色のスープの中に肉やジャガイモ、ニンジン、玉ネギがゴロゴロと入っている。これにサワークリームとディルという香草を加えて食べるのだという（この日はサワークリームの代わりにヨーグルトがかけられていた）。

まずは熱々のスープを一口。シチューをイメージしていたが、思ったよりサラサラしている。野菜の風味と肉の旨みがよく出ていて、飲み込むと病み上がりの胃にやさしく広がっていくのがわかる。ヨーグルトの酸味がさっぱりとして重さも感じられず、ぐいぐい飲めてしまうほどだ。肉や野菜もよく煮込まれていてやわらかいし、これは温まるなあ。

「ビーツは栄養が豊富なんですよ。肉や野菜もたくさん入っているから健康的にも優れた料理なんです。ロシアでは具をすりつぶして、赤ちゃんの離乳食にもします。一年中食べますが、とくに冬は毎週のように食べていますね」

タチヤーナさんの話では、ビーツは糖分やミネラル、ビタミンを多く含み、美容にもいいといわれているそうだ。料理の先生ということで、彼女につくり方も教わった。

「まず、ビーツはとても固いので茹でてから皮をむきます。それから牛肉と牛骨、豚肉をや

＊

わらかくなるまで煮てブイヨンをつくります。そこに別に炒めておいたニンジン、玉ネギ、トマトを入れ、キャベツ、ジャガイモ、そしてビーツとニンニクを入れてさらに一時間くらい煮込む。最後に味を調えてディルをまぶして完成です。少し蒸らしたほうが、味がなじんでいいですよ」

でも、とタチヤーナさんが続ける。

「家庭料理なので家によって味は違います。ロシアには料理教室がないんです。料理は母親から教わるもの。母の味を基本にして、ほかの人のレシピを取り入れていきます。たとえば、友だちの料理が美味しかったら『レシピを教えて』ってノートに書いてもらって、それを元に工夫してみる。そうやって自分の味をつくりあげていくんです」

そのノートは女性の宝物で、タチヤーナさんも一〇冊くらい持っているという。

「今はインターネットでレシピを検索できるけれど、やっぱりノートを見て確認しますね。その中でも一番大切なのがボルシチ。ロシアでは美味しいボルシチがつくれないとお嫁に行けないといわれているんですよ」

ボルシチって結婚を左右するほど大切な料理なのか！

それならば、ぜひ男性にも意見を聞いてみようと、食事をしていた男性に声をかける。答えてくれたのはロシア北西部サンクトペテルブルク出身で、都内の大学で西洋音楽の研究をしているクリコフ・マキシムさんだ。

＊

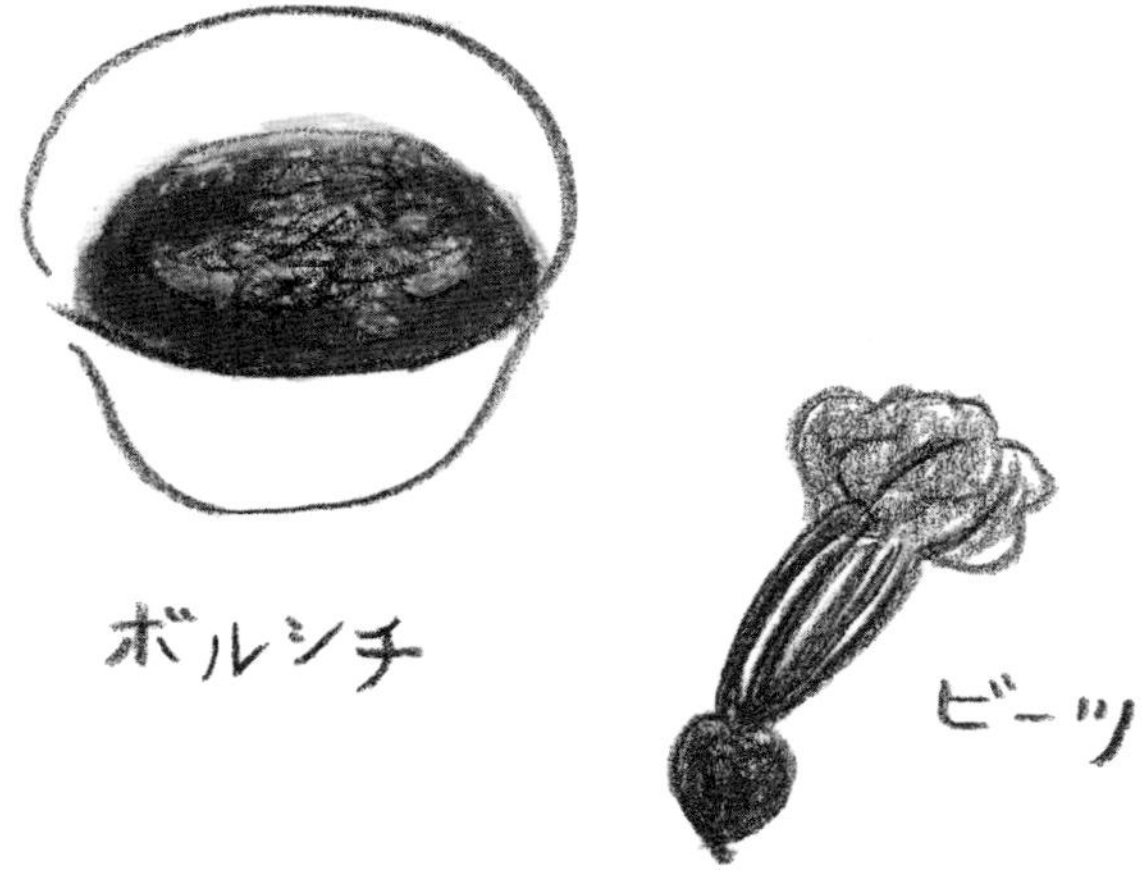

「そうそう、ロシアでは美味しいボルシチがつくれると良い奥さんだといわれています。こんなブラックジョークをいったりもしますよ。『彼女とどうして別れたの?』、『ボルシチが美味しくなかったからさ』って（笑）」

肉を食べないクリコフさんは野菜だけのボルシチをつくるそうだ。

「日本ではあまり食べられませんが、先日、長野にいるロシア人の友人にビーツを分けてもらったのでつくりましたよ。友人は自宅にある小さな畑でビーツをつくっているんです」

＊

ロシアでは自分で野菜を育てるのが一般的らしい。国民の三人に一人が「ダーチャ」と呼ばれる菜園付きの別荘を持っていて、夏になるとダーチャでビーツなどの野菜づくりに精を出すのだとクリコフさんはいう。

「ビーツはロシアでは本当によく食べるんです。今日のメニューにあるシューバにも使われていますよ」

シューバってどんな料理だろう。初めて耳にした。クリコフさんいわく、「シューバとはロシア語で『外套（コート）』という意味。酢漬けニシンが外套を着ているんです」とのこと。ますますわからないので料理を取りに行くと、合点がいった。ニシンの上に細かく切ったジャガイモやニンジン、ビーツ、炒り卵がそれぞれ層を成して重なっているのだ。

「今日のようなクリスマスや誕生日のパーティーでよく食べるんですよ」とクリコフさん。たしかに手が込んでいるし、ホールケーキのようなかたちをしているうえ、ビーツの赤や卵の黄色が華やかでおめでたい印象を受ける。

食べてみるとニシンはしっかり漬けてあって酸味が強い。そこに層の間に塗られたマヨネーズとヨーグルトを使ったソースやジャガイモ、ニンジンを合わせることでマイルドになって、ほどよいバランスが生まれている。それから驚いたのはビーツだ。ニンジンよりも甘い。ボルシチにどこかやさしさを感じたのはこの甘さだ。ビーツがロシア人に愛されている理由がわかるような気がした。

「ボルシチもシューバもロシアの国民的な料理なんですね」

シューバを食べながらいうと、予想外の言葉が返ってきた。

「実はボルシチはウクライナ発祥の料理なんですよ」

＊

クリコフさんの友人でウクライナ南部の都市ミコライフ出身のミシャク・マンドリイさんだ。

「ウクライナでボルシチは母の味。ボルシチがつくれないとお嫁に行けないのはロシアと同じですけどね（笑）」

そこで会場にいたウクライナの女性、松野スベタラーナさんにも聞いてみた。

「そうそう、ボルシチはウクライナ料理です。ウクライナ人はみんなボルシチが大好き。家族四人だと、朝二〇リットル分くらいつくっても一日で食べてしまいますね。冬は毎日のようにつくります。ロシアより味が濃くてパプリカを入れるのが違いでしょうか」

毎日五リットルのボルシチを食べるってすごい……。

ボルシチはもともとウクライナ語で「草」を意味し、転じて「薬草の煮汁」を表す。ロシアで食べられるようになったのは一八世紀頃、ロシア帝国の時代でウクライナはロシア領だった。さらに一九二二年から九一年まではソビエト社会主義共和国連邦を構成する国のひとつでもあった。そういえば、タチヤーナさんがいっていた。

「私はロシアで生まれたけれど、両親は今、ウクライナ国籍なんです。ソ連が崩壊する前にウクライナに移住したから」

こうした人びとの移動、交差によって、ボルシチはロシアの国民的料理となっていったのだろう。料理に国境は関係ないのだなあ。そう思いながら、風邪で弱った身体に活力を与えるべく、再びボルシチの列に並んだ。

＊

結婚式に振る舞うウズベキスタン男の料理

人が出会う街。ウズベキスタンの都市サマルカンドの名にはそんな意味がある。砂漠が大部分の中央アジアにおいて、水の豊かなサマルカンドは古くからシルクロードの重要な拠点だった。いくつもの王朝に支配されながらも繁栄を続け、多くの人、そして文化が行き交った場所。そんな交易都市の影響は料理にも表れている。ウズベキスタン人が愛する料理は、シルクロードを通って、今や世界各地に広がっているものだった。

その料理を食べたのは、東京・中央区にあるレストラン「アロヒディン」。日本でも数少ないウズベキスタン人がオーナーシェフを務める店だ。

「ウズベキスタンではどの家庭も週に一度は食べると思いますよ」

予約の電話をした際におすすめの料理を尋ねてみると、オーナーシェフのアモノフ・ファズリディンさんからそんな言葉が返ってきた。ウズベキスタンで全国的に愛されている名物料理があるという。

＊

これは食べないわけにはいかないでしょう、とその料理を事前にオーダーする。当日、ワクワクしながら入った店内は鮮やかな青であふれていた。青いモスクや神学校の美しさから「青の都」とも呼ばれるサマルカンドをイメージしているという。ファズリディンさんの故郷だ。席について、さっそく料理をお願いした。

「これが名物のプロフです」

しばらくして、ファズリディンさんがテーブルの上に置いた料理は、オレンジ色に染まったライスの上にニンジンが載り、さらにその上に骨付きの肉が載ったものだった。けっこう油を使っているのか、キラキラと米が照り輝いている。

「肉はラムです。あとはニンジンと玉ネギ、それからクミンが入っています。日本はお米が主食ですが、ウズベキスタンはパンが主食なのでプロフはメインディッシュとして食べます。サラダと一緒に、夜食べることが多いですね」

熱いうちにどうぞ、とファズリディンさんがすすめてくれた。骨付きの肉は遠慮なく手づかみで食べてくれという。口に運ぶとクミンの香りがふわーっと広がった。ラム肉はクセがなくてほろりと崩れ、ニンジンは甘くやわらか。その旨みがライスにじっくりと染み込んでいる。油っぽいのだがそれが深みを与えているようで、豊かな旨みが舌に残る。

「味付けは油と塩とクミンだけ。最初に鍋で油を熱しラム肉を入れてよく炒めます。その上に短冊切りにしたニンジンとみじん切りの玉ネギ、クミン、米と順番に入れていきます。最後

＊

に水を入れて米の芯が少し残るくらいに炊くんです」

油をたっぷり使うことが旨みを出すポイントだと、ファズリディンさんはいう。

「ウズベキスタンにはプロフ用の油があります。見た目も風味も魚醬に似ていていい香りがするんですが、日本では手に入らないので郵送してもらったり、羊の脂身からとった油を代用したりしています。今日は羊の油ですがこれも旨みがよく出るんですよ」

油に風味の豊かさを感じたのはそういうことか。プロフは全国的な料理だというが、地方色はあるのだろうか。

「地方や家庭によって鶏肉や牛肉を使うし、ニンニクを丸ごと入れたり、ヒヨコ豆やレーズンを入れたりするけれど、基本的な材料は店と同じですね」

ファズリディンさんのつくるプロフはお母さん直伝のレシピだ。サマルカンドで医師をしているというが、多忙な時でも必ず料理をつくるという。

「私も教師をしている父も、母の料理で一番好きなのがプロフ。ウズベキスタン人は週に一度プロフを食べるといいましたが、私の家では二〜三日に一度は食べます。いつも同じ材料で同じ味だけど、飽きることはありません」

材料よりもつくり方のほうが地域によって違いがあるそうだ。

「サマルカンドでは肉、ニンジン、米の順で鍋に入れてそのまま炊き、皿に盛る時は鍋の上から、つまり米、ニンジン、肉の順に載せていきます。でも、首都のタシケントなどでは炒め

＊

た具と米を混ぜてから炊くんです。ピラフみたいな感じですね」

そう、実は名前を聞いた時から気になっていた。「プロフ」と「ピラフ」という名前、そして食材を炒めて米を入れ、水またはスープで炊くというつくり方もとても似ている。今や世界的に食べられている「ピラフ」はフランス語だが、ルーツはトルコ料理の「ピラウ」にあるとされている。諸説あるものの語源はサンスクリット語にあるといわれ、「プラーカ」というインドの古代料理にまでたどりつくという。

同様の料理をインドやパキスタンでは「プラオ」、アフガニスタンでは「パラオ」、中国の新疆ウイグル自治区では「ポロ」と呼ぶ。つまり、インドからシルクロードによって料理が伝わり、その土地の食材を使ってアレンジされていくうちに名前も変化し、サマルカンド、つまり今のウズベキスタンでは「プロフ」と呼ばれるようになったのではないだろうか。

さらに、ウズベキスタンの大使館関係者に、「紀元前四世紀にアレクサンドロス三世がサマルカンドを攻略した時の歓待にプロフが出された」という話も聞いた。もはや言い伝えの域ではあるが、長い歴史を持ち、ウズベキスタン人が大事に思っている食べ物であることは間違いないようだ。その証拠に、プロフは結婚式や誕生日などのハレの日にも欠かせない。

「結婚式では男性がプロフをつくります。ウズベキスタンにはカザンという中華鍋のような鍋があるんですが、結婚式にはだいたい五〇〇～六〇〇人の人が参列するので、両手を広げたぐらいの大きさのカザンを用意する。そして朝早くから、お米だけでも四〇～五〇キロはある

プロフをつくるんです。大変な力仕事ですから男性の役割になったのでしょう。式場を訪れた人にはまずプロフが振る舞われます」

最近は結婚式が多様化していてつくらない場合もあるそうだが、伝統的な結婚式では必ず出るとファズリディンさんはいう。訪れた人に対する歓待の証ということだろう。

＊

今、日本には約二三〇〇人のウズベキスタン人がいる。ファズリディンさんによると浅草や千葉の船橋市、埼玉のさいたま市に多く住んでいるそうだ。アロヒディンは東京駅のほか東京メトロの八丁堀駅や茅場町駅なども徒歩圏内、さらには首都高の出入り口にも近い。二〇一五年には日本橋駅近くにも姉妹店をオープンした。

「ウズベキスタン人はみんな私の店に食べに来てくれます。群馬から来る人もいるし、ウズベキスタン人が集まる時は貸し切りにしてパーティーを開くこともあるんですよ」

そして、みんな懐かしそうにプロフを食べるという。この店は日本における在日ウズベキスタン人のオアシスなのだ。

そんな話を聞いて、よりプロフが味わい深く感じられる。人が出会う街。サマルカンド・ブルーの店内がより鮮やかに映った。

ALOHIDDIN／アロヒディン　八丁堀店
東京都中央区八丁堀一-四-八　森田ビル地下一階
☎ 〇三-六二二八-三八九八
ホームページ　http://alohiddin.web.fc2.com/
※プロフは事前に予約が必要

＊

断食月にみんなで囲むイフタール

「ラマダンは敗因ではない」

これは二〇一四年六月三〇日、ＦＩＦＡワールドカップ・ブラジル大会の決勝トーナメント一回戦でドイツに敗れたアルジェリアのゴールキーパーの言葉だ。イスラム教徒はラマダンに入ると、日中の飲食が一切禁止される。いわゆる、断食。イスラム教を国教とするアルジェリアは、六月二八日に突入したラマダンによってゲームに影響が出たのではないかと騒がれていた。

もちろん、アルジェリアだけではない。ナイジェリアやフランス、ドイツなど、決勝トーナメントに残った一六カ国のうち六カ国にイスラム教徒の選手がいることが確認されていた。気温が三〇度を超す開催都市もある中で、一滴の水も飲まずに激しいゲームを繰り広げる。その精神力は、原稿を書きながらポテトチップ一袋を軽く平らげる私には到底真似できない。

ラマダンとは一体、どのようなものなのだろう。そう思って、東京・渋谷区にある「東京

＊

ジャーミイ」に問い合わせてみた。駐日トルコ共和国大使館に所属する日本最大級のモスクだ。するとラマダンの期間中は、礼拝者に日没後の食事を振る舞っているという。イスラム教徒でなくてもいただけるというので、ぜひ食べてみたいと思い、東京ジャーミイを訪ねることにした。

「ラマダンがどういう意味か知っていますか？」

応対してくれた東京ジャーミイの職員、下山茂さんがいった。学生時代にイスラム教徒になったという日本人男性だ。「断食という意味ではないんですか？」と答えると、下山さんは首を振る。

「ラマダンとはイスラムの暦であるヒジュラ暦の九月のことです。アラビア語で断食のことはサウムといいます。ラマダンという言葉ばかりが有名になったため、断食をすることを〝ラマダンをする〟といっていますが、正確な表現ではないんですよ」

てっきり、ラマダン＝断食だと思っていた。ちなみに、ヒジュラ暦の一年は西暦より一〇〜一二日短く、毎年時期が少しずつずれていく。二〇一四年のラマダンは六月二八日〜七月二七日であった（月の観測によって開始日が判断されるので、地域ごとに日にちが異なる）。下山さんと話しているうちにモスクには次々と礼拝者がやってきた。モスク全体が賑やかになっていく。

「これからイフタールがあるので、たくさんの人が集まってくるんですよ」

＊

キョロキョロする私にMさんが声をかけてくれた。東京ジャーミイには国籍に関係なく、多くのイスラム教徒が訪れる。Mさんは車関係の仕事を営むパキスタン人だ。「イフタール」という聞き慣れない言葉に首を傾げていると、Mさんが教えてくれた。

「イフタールには〝断食を破る〟という意味があります。ラマダンの間、イスラム教徒は日の出から日没まで飲食をしません。つまり、イフタールとは日が沈んだあとにとる最初の食事のことを指すんです」

おお、今日の目的の食事をイフタールというのか。東京ジャーミイではラマダンの間は毎日イフタールを提供しているという。そして、Mさんはその一カ月間、仕事を休んでボランティアとしてイフタールの手伝いに来ているそうだ。

「イフタールのためにトルコから二人のシェフが来日して料理をつくっていますが、毎日二〇〇人以上の人が来るので、調理場のサポートや食器の準備、後片付けをする人が必要なんです」

なんと、毎日二〇〇人も来るのか。確かにその分の料理を用意するのは大変だ。しかし、一カ月もの間、仕事を休むというのもすごい。

「イスラム教徒にとって特別な一カ月ですからね」

同じパキスタン人で一緒に手伝っているIさんがいう。

「みんなでイフタールを囲む時間はとても大切なので、手伝うのは当然のことです」

＊

とはいえ、彼らもイスラム教徒だ。飲食ができない状態で準備をするのは辛くはないのだろうか。しかも、真夏の猛暑の中で。

「ぜんぜん辛くないんですよ。時間が経つにつれて喉が渇いてくるけれど、日本よりパキスタンのほうがもっと暑いから大丈夫。イスラム教徒はみんなラマダンを楽しみにしているしね」

Ｉさんたちはこともなげにいう。周囲にいたトルコの人なども同じように「楽しみ」だと答える。正直いって理解ができない。私など、最寄り駅から東京ジャーミイまで五分ほど歩く間だけでも、暑さのあまり何度も水を飲んだくらいだ。

＊

やがて、正装したイマーム（指導者）が呼びかけを始めた。アザーンという礼拝の時刻を告げる呼びかけだという。イスラム教には一日五回の礼拝の義務があり、その時間は太陽の動きに合わせて厳密に決められている。

「日没後のアザーンは、その日の断食が終了したという合図でもあるんですよ」

都内の大学でアラビア語を教えているインド出身のサリーム・ラフマーン・ハーンさんが説明してくれる。

「断食は日の出から日没までといわれていますが、正確には一日の最初の礼拝が始まる前に飲食を止めます。今日の最初の礼拝は午前三時でした。日没後の礼拝が一九時五分ですから、その間は断食をすることになります。逆をいえば、一九時五分から翌朝の三時までは食べたり飲んだりしていいんです」

礼拝を終えた人たちが料理をもらうために列をつくる。いよいよイフタールの始まりだ。東京ジャーミイはトルコのモスクなのでトルコ料理が出るそうだが、イフタールの料理に決まりはあるのだろうか。

「イスラムの教えに則って処理されたハラル（ハラール）の食品を使っていれば、何を食べてもかまいません。インドではパコラ、サモサといった揚げ物や果物が多いですが、それぞれが好きなものを食べています。ただ、ほとんどの人がまず冷たい水を飲み、ナツメヤシの実（デーツ）を食べますね」

西アジアやアフリカ北部が原産地といわれるナツメヤシは、栄養価が高く、イスラム教の聖典『コーラン』に「神が与えた食物」としてたびたび登場する。それに、空腹な状態でいきな

＊

り食事をとると胃を痛めてしまうため、甘いナツメヤシは胃を慣らすのに適しているそうだ。

「はじめにデーツを食べるのはイスラム教の預言者であるムハンマド（マホメット）が行っていたことで、決まりではないですが習慣化しているんです」

ハーンさんの言葉を受けて、私もナツメヤシを一つ口に入れた。ドライフルーツにしたナツメヤシはとても甘く、なんだか心身がほっとする。

さて、胃を慣らしたところでイフタールの食事をいただこう。料理は日によって異なるそうで、この日はバターピラフとトマトスープ、鶏肉と野菜の煮込み、それからパンとバナナだった。煮込みはクミンなどのスパイスが使われたいわゆるカレー風味で、トルコで最近流行りの料理だそうだが辛くはない。いずれの料理もやさしい味わいで身体にスーッと入り込んでいく。

「ふだん私たちは一日三回食事をするので、ひもじさをあまり感じません。でも断食をすることで食べ物のありがたみがよくわかります。ラマダンは食べ物があることを神に感謝する一カ月なのです」

一応、モスクに入ってからは飲食を控えていた。たった数時間我慢しただけの私ですら身体に染み入る感覚があるのだから、断食をしていた人はなおさらのことだろう。ハーンさんはラマダンの断食にはさまざまな意味がある、と話を続ける。

「世界には食べるものがなくて辛い思いをしている人がたくさんいます。断食はその気持ちを理解することができる。だから、困っている人を助けようとする気持ちが生まれるのです。

＊

食べなかった食事の分を喜捨（寄付）する、施しの月でもあるんですよ」

子どもや老人、妊婦・授乳中の人、病気の人といった体力的に難しい状態・状況にある人の場合、また、時差をともなう旅行者は、時期をずらして万全な状態の時に断食を行うことができる。実際、ワールドカップでも延期することを選んだ選手がいた。寄付は誰もが行うものだが、老人のように今後も断食が難しい場合は、寄付が断食の代わりとなるという。

さらに、胃と腸を休めることで身体をリセットできるし、穏やかに過ごして心を強くする日々でもあるという。功徳を積み、心身を鍛える月なのだから、アルジェリアのサッカー選手が「敗因ではない」というのも当然のことだった。

「ラマダンの断食はイスラム教の五つの義務である、信仰告白、礼拝、喜捨、ラマダンの断食、メッカ巡礼のひとつです。なぜ、断食がラマダンに行われるのかというと、コーランの最初の啓示がムハンマドに下された神聖な月だからです」

日本ムスリム協会の徳増公明会長の話に耳を傾ける。

「つまり、断食をして心を落ち着かせ、コーランをよく読んでイスラムの精神を見直すための時間なのです。仕事の時間も短縮されるんですよ。今は豊かな時代なので、本来の意味から少し離れてイフタールで豪華なパーティーをしたり、ごちそうを食べたりすることを楽しむ人も多いんですけどね（笑）」

かたちがどうであれ、みんなが集まって食事を囲むこと自体がとても大事なことだと徳増さ

＊

んはいう。

「ラマダンの時は家族との距離がすごく縮まるんです」

エジプト人のイブラヒーム・ガマールさんもそういった。エジプトのソウルフード（一二一ページ参照）について話してくれた彼と、この日偶然、東京ジャーミイで再会したのだ。

「ラマダンの間はイフタールの料理をつくる母を手伝って、父が仕事から帰ってくるのをみんなで待ちます。いつもより一体感が増して家の中がすごくいい雰囲気になるんです。モスクに来てみんなとイフタールを囲むのも同じで、仲間たちと気持ちが共有できる。だから、ラマダンが来るのがすごく楽しみなんです」

東京ジャーミイにいたイスラム教徒の人びとが口を揃えて楽しみだという意味が少し理解できた気がした。ホールを埋め尽くす人たちはみんな笑顔で食事をし、会話を楽しんでいる。再び口にしたイフタールの料理は、やっぱりやさしい味がした。

*

東京ジャーミイ・トルコ文化センター
東京都渋谷区大山町一－一九
☎ 〇三－五七九〇－〇七六〇
ホームページ http://www.tokyocamii.org/ja/

スロベニアの収穫祭で豊作を祝って乾杯

スロベニアのワインパーティーがある。そんな情報を手に入れた。スロベニアといえば、西はイタリア、北はオーストリアと接する四国ほどの面積の小さな国。しかし、実は優れたワインの名産地で、世界最古としてギネスブックにも認定されている樹齢四〇〇年以上のブドウの木があり、今もワインの原料として収穫されているという。

編集者Tさんが詳細を確認すると、一一月一一日の「セント・マーティン・デー」を祝うパーティーとのこと。キリスト教の聖人マルティヌスの祝日であるこの日は、農作物の収穫を祝い、翌年の豊作を祈念する「収穫祭」がヨーロッパ各地で行われるのだ。

「スロベニアではとくにこの祝日を大事にしていて、家族や仲間たちと出来たてのワインを飲み、この日のためにつくられた料理を囲んで過ごすそうです。そこで、日本に住むスロベニアの人たちもワインパーティーを開くということらしいですよ」

スロベニアの料理も食べられるのか！

＊

しかも、スロベニアワインは約七割が国内で消費されていて、輸出先は主にヨーロッパであり、日本に入ってくるのはほんのわずかだとか。スロベニア人がこよなく愛するワインと、その出来を祝って食べる料理。これはおもしろそうだと参加させてもらうことにした。

東京・恵比寿にあるビルの一室で、「セント・マーティン・デー」のパーティーは行われた。在日スロベニア人は一二一人（二〇一六年一二月現在）。関東在住の人が多いが、スロベニア料理専門のレストランは京都にしかないらしく、このような自国の料理を食べるイベントは大事だという。笑顔で私たちを出迎えてくれたのは、このパーティーの主催者の一人でスロベニア政府観光局（現在は閉鎖）に勤めるティナ・ザドニックさんだ。

「セント・マーティン・デーで食べる料理は決まっています。ガチョウのロースト、紫キャベツを煮たサラダ、それとムリンツィという食べ物です。今日はガチョウが手に入らなくてカモのローストなんですけどね」

盛りつけの準備をしながら、ティナさんが説明してくれた。ガチョウのローストと紫キャベツはほかの国の収穫祭でも食べられていることが多い。ガチョウを食べる理由は一説によると、聖マルティヌスが司教の座に就くのを嫌がってガチョウ小屋に隠れた際、ガチョウが騒ぎ立てて見つかってしまった。その罰として食されるようになったのだとか。いっぽう、紫キャベツは地中海沿岸に原生していたケールが、紀元前からヨーロッパ全土で栽培、品種改良されて誕生したという歴史ある食材。秋から冬にかけてが旬だ。

＊

ムリンツィについては、カモのローストとともに調理を担当した〝ビバさん〟ことジェリサバ・ドボウシェック＝セスナさんが教えてくれた。彼女は東京外国語大学で週に一回、非常勤講師としてスロベニアの言語と文化を教えているという。

「ムリンツィはスロベニアやクロアチアで食べられています。パスタの一種ですが、平べったいパンに近いですね。小麦粉に塩とお湯を入れて捏ねた生地を三〇分くらい寝かせて、オーブンで焼きます。食べる時は適当な大きさにちぎってお湯に入れ、やわらかくしてからローストに添えて一緒に食べるんです」

話を聞いているうちに、室内には二〇人ほどの人が集まっていた。全員の手元にグラスが渡ったところで「カンパーイ！」。祖国のワインの出来を祝ってグラスを掲げる。

スロベニアの赤ワインを口にした。ワイン用のブドウ品種であるメルロー種を使っていてやや重口なのだが、すっきりとした酸味もあり飲みやすく、プラムのようなさわやかな香りが鼻腔に漂う。「美味しいね！」とTさんに声をかけられて振り向くと、あまりの顔の赤さに度肝を抜かれた。コップはすでに空っぽだ。確かに美味しいけどさ、いくら何でもピッチ早すぎだろう……。

*

そこへビバさんが料理を持ってきてくれた。ワインを片手にさっそくいただく。カモのローストは香ばしく、塩、コショウ、ハーブなどで味付けした肉の旨みが引き立つ。紫キャベツのサラダは、リンゴや玉ネギとともに、ワインとワインビネガー、クローブ、シナモンで煮詰めてありやわらかく、キャベツやリンゴの甘みとワインビネガーの酸味がほどよいバランスでさっぱりとしている。これらとムリンツィを一緒に食べるのだが、ローストの肉汁と相まって素朴なムリンツィがとても味わい深くなる。

「収穫祭で食べる料理はほかの国と似ているけれど、れっきとしたスロベニア料理なんですよ」

ビバさんがいう。

「たとえば、紫キャベツのサラダ。リンゴを入れるのはスロベニアの特徴です。リンゴはとても身近な食材で、私がつくったカモのローストもお腹にリンゴを丸ごと詰めて焼きました。お肉がとてもジューシーになるのよ。今は旬だから毎日のようにリンゴを食べます。スロベニアでは一キロ一ユーロくらいで買えるんです」

一緒に食べていた英会話スクールの先生で、首都リュブリャナ近郊で生まれ育ったティナ・クラケル・チャイさんも教えてくれた。

「私はデザートにリンゴのシュトルクリをつくってきました。アップルパイみたいなお菓子でほかのお祭りやお祝いでもよく食べます。でも、ロースト、紫キャベツのサラダ、ムリンツィはセント・マーティン・デーならではの伝統料理です。ローストは二時間くらい焼くし、サラダも一時間煮こむので時間もかかります。日本でいうお節料理のようなものかもしれませんね」

＊

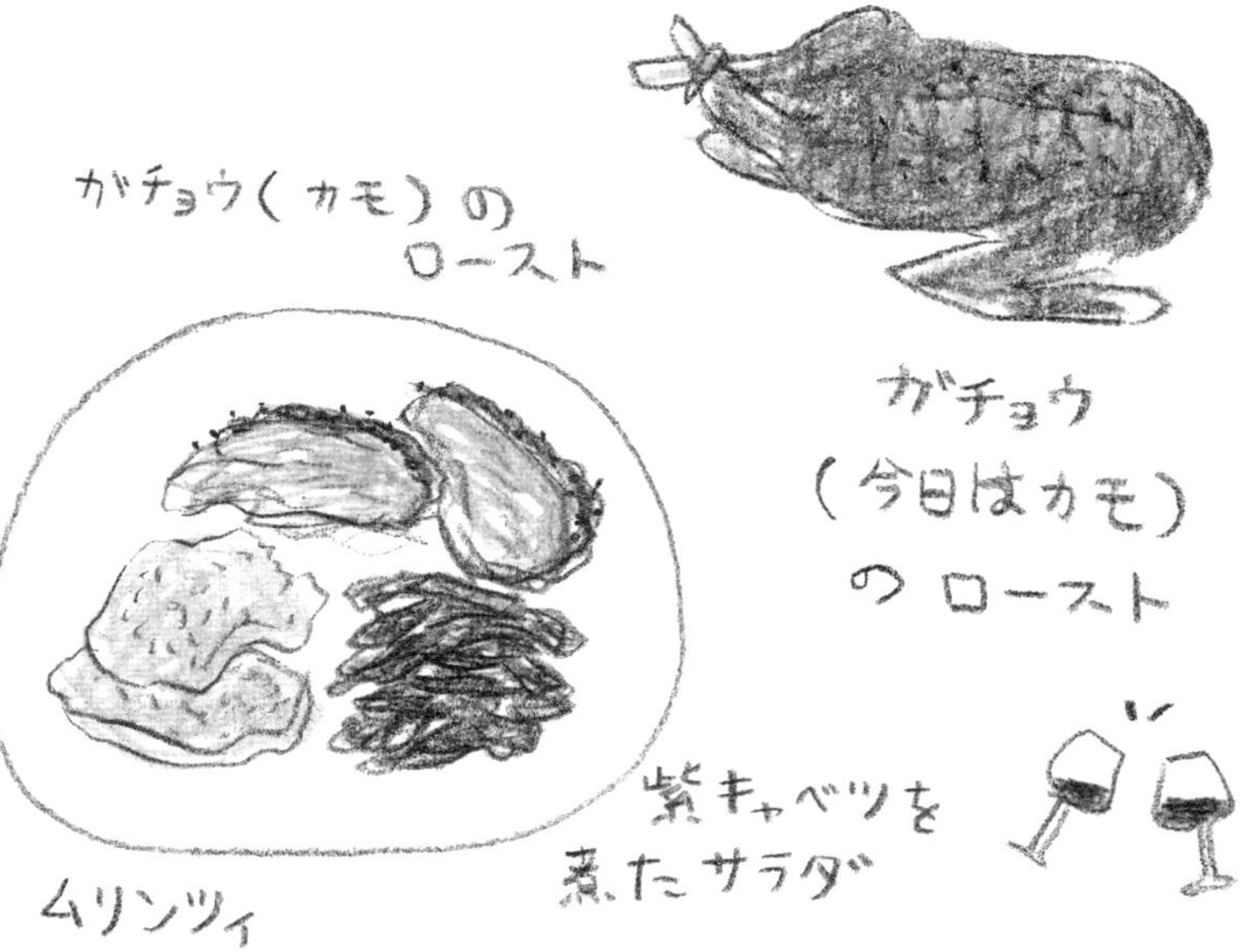

イタリア、オーストリア、ハンガリー、クロアチアに囲まれた小国、スロベニアはさまざまな国の影響を受けている。食文化はその最たるもので、北部ではソーセージや黒パンなど東欧に見られる料理がよく食べられ、イタリアと接する西側の食はパスタや生ハムが特徴的だ。セント・マーティン・デーの料理は、そうした他国の影響を受けながらも独自に発展していったものなのだろう。

「スロベニアの料理や文化を説明するのはすごく難しい。でも、ワインは本当にみんな大好き。平日のランチでも飲んでいます(笑)。ブドウ畑を持って自分でワインをつくる人も多いんですよ。叔母の家にも畑があって、この時期になるとワインをつくって私たちや友人に配っていました。それに、スロベニアの国歌は〝祝杯〟という曲名なんです」

＊

そういって笑うティナ・ザドニックさん。一九世紀半ばに国民的な詩人のフランツェ・プレシェーレンが書いた愛国的な詩が元となっている歌で、ティナさんによると「隣の国とのいい関係にカンパーイ！　みんなの平和のためにカンパーイ！」という内容だという。

「それくらい飲むのが好きだから、ワインの出来を祝うセント・マーティン・デーは本当に大切な行事なんです」

スロベニア国内ではあちこちでフェスティバルが開催され、飲み比べやワインクイーンコンテストなどのイベントで盛り上がるのだという。さらにティナさんは、自身のセント・マーティン・デーの思い出も話してくれた。

「今日の料理はみんなでつくりましたが、本来は母親がつくります。同じ料理でも家庭の味があって、私の母がつくるガチョウのローストは中にパンプディングが入っていました。それが大好きで、お肉より中身を食べるのを楽しみにしていたくらいです。それに私の洗礼名はマルティナ。セント・マーティン・デーの日に洗礼を受けて名前をいただきました。だから一一月一一日は家族に祝ってもらう誕生日のような日でもあるんです」

いつのまにかパーティーは歌声に包まれていた。彼らの歌声に耳を傾けながらワインを手に取り、再び乾杯をした。

＊

それにしても、郷土料理についての話は尽きない。たとえば、日本を代表する食べ物のそばが、実はスロベニアでもよく食べられている。でもそばの実をそのまま茹でて食べるなど食べ方が違うので、似て非なる食文化を比較して盛り上がったのだが、ティナ・ザドニックさんの一言がスロベニア人の心に火をつけた。

「だけど、一番懐かしいのはサンデーランチかな」

その名のごとく日曜日の昼の食事だ。

「そうそう、サンデーランチ！」と周りにいたスロベニア人たちが同意し、「スープを飲むと昔を思い出してほっとする」「ジャガイモの料理は日本でも食べたくなるとつくりますよ」「ああ、想像するとヨダレが出てくる」と、嬉々として語りだした。みんなの姿に私までヨダレが出てきて、思わず「食べてみたいなあ」とぽつり。するとティナさんが「今度一緒に食べましょう！」と、なんとつくってくれることになった。

＊

伺ったのは東京・港区にあるスロベニア大使館。こぢんまりとしているが瀟洒な建物の中に入ると、ティナさんがキッチンへと案内してくれた。部屋に漂う料理の匂いに食欲がそそられる。

「いい匂いでしょう。日曜日の匂いだわ！」とティナさんがほほ笑む。コンロで弱火にかけられている鍋を覗くと、大きな牛肉の塊にニンジン、玉ネギ、パプリカが丸ごとゴロゴロと入っていた。

「ゴヴェヤ・ユーハといいます」

ゴヴェヤは牛肉、ユーハはスープという意味だ。

「ゴヴェヤ・ユーハはサンデーランチの最初に飲むスープです。牛肉と野菜を三時間ぐらいかけて煮込んで、出汁が十分に出たら具材を取り除き、卵と小麦粉、塩でつくった細くて短い麺を入れます。仕上げに生パセリをまぶして完成です」

具材を取り除くとはなんて贅沢なんだ……と思ったら、煮こんだ牛肉はメインディッシュとして食べるそうだ。そしてもう一つ欠かせないのが「プラジェン・クロンピル」というジャガイモの炒め物。茹でたジャガイモ（クロンピル）をつぶしながらオリーブオイルで玉ネギと炒め、塩などで味を調えるという料理で、とてもシンプルそうだがパーティーでみんながやたらと熱く語っていた。

「スロベニア人はジャガイモが大好きで毎日のように食べるんです。プラジェン・クロンピルはジャガイモの美味しさが活かされていてとくに人気。普段もよく食べるし、首都のリュブリャナには国の代表料理にしようとアピールしている団体もあるほど。私の父親も一番好きな料理です」

＊

このゴヴェヤ・ユーハと牛肉、プラジェン・クロンピルに好みのサラダを加えた三品がサンデーランチの伝統的なメニューだという。テーブルに料理が並び、グラスにはスパークリングワインが注がれた。この日は日曜ではなかったのだが、大使館の方々にも声をかけて特別なサンデーランチがスタートした。

まず、ゴヴェヤ・ユーハをいただく。キラキラと黄金色をしたスープは牛肉と野菜の旨みがたっぷりで、卵風味の麵はつるんとした食感。味わい豊かだがサラッとしているのでいくらでもいけてしまう。サワークリームをつけて食べるメインディッシュの牛肉は驚くほどにやわらかだ。プラジェン・クロンピルはマッシュポテトのようだが、所々にコロコロ感も残っているのでいろいろな食感が楽しめる。ジャガイモと玉ネギのナチュラルな甘みもいい。

手が込んではいるがどこか素朴で、「ほっとする」という意味がわかる気がする。しかし、このサンデーランチが伝統的で大切にされているのはなぜなのか。そう問うと、一緒に食事をしていた特命全権大使のヘレナ・ドルノウシェク・ゾルコさんが教えてくれた。

「キリスト教の安息日である日曜日は、午前中に家族で教会に行ってお祈りをします。その後に家族でごちそうを囲んで日々の努力をいたわるのが、サンデーランチなんです。そもそもサンデーランチはヨーロッパ各地で見られる風習です。料理は国によって違いますが、国境を接するクロアチアではゴヴェヤ・ユーハに似た料理が食べられていますよ」

ヨーロッパ、とくにキリスト教文化圏では、「パンはイエスの肉、ワインは血」といわれるように古くから食物は宗教性を帯びていて、食事も一週間とか一年というサイクルで食べる物が決まっていたという。

「もともとスロベニア人は、農民で貧しかったんです。普段は畑を耕しながらパンにチーズ、野菜といった質素な食事をとり、牛肉は週に一度、日曜だけ食べられるごちそうでした」

＊

ヘレナさんがいう。だから、牛肉をスープとメインにあますところなく使うのだろうか。

いっぽう、栽培が容易なジャガイモは飢饉を救う食べ物として、「白いトリュフ」ともいわれるほど欧州全土で大事にされてきた食材だ。

現在も人口の六割がカトリックであるスロベニア人は日曜になると教会に行き、帰ってから家族で同じメニューを囲むとティナさんはいう。

「ティーンエイジャーの頃はやっぱり反抗期で、教会に行くのが嫌で早くランチを食べたいと思いながらお祈りしていました（笑）。今の都市部の人や一〇代、二〇代の子たちは教会に行かずショッピングとかする人もいるみたいだけど、お昼になると家に帰ってきてサンデーランチを食べるのは変わりません」

基本は牛肉であるものの、家庭によって、またその時の状況によって鶏肉でスープをつくることもあるが、ティナさんの父親は「伝統的でないとダメだ」と怒るそうだ。

「サンデーランチは二時間近くかけて食べるんですよ。ワインと一緒にね。ついつい食べ過ぎて動けなくなることもある（笑）。でも、お腹がいっぱいになった後にコーヒーを飲みながら家族とゆっくり話をするのが至福の時なんです」

ワインを片手に大使館の全権公使のオト・プンガルトニックさんが笑う。そういえば、パーティーでも「サンデーランチの後に家族と散歩をしながら話をする時間が好き」と話す人がいた。

＊

「私たちは家族で集まる時間をとても大切にしています。だからサンデーランチはクリスマスやイースターと同じくらい特別で、とっておきの材料をつかって手間をかけて料理をつくるんです」

そう話すヘレナさんの母親は、いつも数日前からゴヴェヤ・ユーハに入れる麺をつくっていたそうだ。

「私の母や祖母も土曜日から料理の準備をしていました。そうした料理には母たちの愛情がつまっています。サンデーランチ・イコール・マムです」

オトさんがいった。スロベニア人にとってサンデーランチは、食べられることと家族といることへの感謝を忘れないための食事なのだ。

ランチを食べ終えると心地よい満足感に包まれた。みんな、スパークリングワインを手に話が弾んでいる……って、今日は平日なのに昼からアルコールを飲んでしまった。まだ仕事があったんだっけ。「でもまあ、たまにはこんな時間もいいいな」と、顔の火照りがおさまるまで、食後のトークタイムを楽しんだのだった。

＊

素材が命

味付けは塩のみ。モンゴル人のパワーの源

「ドンッ」

目の前に置かれたのは茹でた肉の塊。胸椎の部分だろうか、幼児のこぶし大の骨にぎっしりと肉がくっついている。

大相撲の番付表を見たのがきっかけだった。横綱・白鵬をはじめ、何人ものモンゴル人力士が名を連ねている。

モンゴル勢が相撲界を席巻して久しいが、なぜそんなに強いのだろう。もしかしたら、ソウルフードにも強さの秘密があるのかもしれない。そう考えてモンゴル人力士も食べにくるという、東京・文京区のモンゴル料理店「シリンゴル」を訪れた。

シリンゴルは日本人の田尻啓太さんが店長を務め、中国の内モンゴル自治区で育ち、少年期までは遊牧生活を送っていたというモンゴル族のチンゲルトさんが料理に腕を振るう。

「日本にいても食べたくなるモンゴル族のソウルフードは何ですか？　口にしただけで故郷

＊

の景色がパーッと蘇るような……」
カウンターで準備を進めるチンゲルトさんに質問をぶつけると、ちょっと考えてから「これ
しかないね」といって出してくれたのが、冒頭の肉の塊だった。
「これはチャンサンマハといいます」
モンゴルの言葉でチャンサンは「茹でる」、マハが「肉」の意。つまり、「チャンサンマハ」
とは羊の肉を塩茹でにした料理だという。
「これを食べると元気になる。私に限らずモンゴル人にとって羊は最も大切な食べ物です」
チンゲルトさんはいう。しかし、皿の上に載っているそれは、きれいに盛りつけられている
でもなく、添え野菜があるわけでもない。まさに〝茹でただけ〟の状態にしか見えない。私が
驚いている様子に気づいたのか、チンゲルトさんが話し始めた。
「モンゴル人は自然とともに暮らす遊牧の民です。食べる時も自然の味を大切にします。調
味料をいろいろ加えたら、肉本来の味も香りも損なわれてしまうでしょう。だから味付けは塩
だけ。モンゴル人の伝統なんです」
緯度でいえば北海道のやや北に位置するモンゴル高原は、平均高度一五〇〇メートルほどの
寒冷と乾燥の厳しい土地だ。この北側がモンゴル国、南側が内モンゴル自治区となるが、農耕
には不向きなこの土地に住むモンゴル人は、一三世紀初頭にチンギス・ハーンが築いたモンゴ
ル帝国よりも昔からこの地で遊牧を生業としてきた。その草原に住む人びとの生活スタイルは、

＊

今も大きくは変わらない。

放牧するのは馬、牛、ラクダ、羊、山羊の五種類の家畜。馬は広大な草原を移動する乗り物となり、牛は荷物を運ぶ牽引力だ。寒さに強いラクダは冬に馬や牛の代わりを務めて、羊や山羊は食料となり衣類となる。羊の毛からつくるフェルトはゲル（移動式住居）の屋根や壁にも欠かせない。そしてすべての家畜から搾乳して乳製品をつくる。家畜は遊牧民の衣食住の多くをまかなっているのだ。基本、財産である家畜を不用意にほふることはない。出産シーズンである春から夏にかけては乳製品を中心とした食事をとり、冬が近づいて搾乳ができなくなると肉、主に羊の肉を食す。羊は、長くて厳しい冬を越すためのパワーの源となるのだという。

＊

「一一月になると冬を越すのに必要な分だけ羊を『出し』ます。マイナス四〇度にもなる土地なので、外に氷の冷凍庫をつくって生の肉を保存し、毎日少しずつその肉を茹でて食べるんです。羊の肉はエネルギーがすごい。身体を温めてくれるし、食べ過ぎると顔に赤い吹き出物ができるほどなんですよ」

＊

チンゲルトさんは羊をほふることを表現する時に「出す」という言葉を使った。力を与えてくれる自然の恵みなのだから、「殺す」という言葉は適さないのだそうだ。ほふる時は、羊は空を見上げるようにあお向けにされる。そしてお腹を切り開いて大地には一滴の血も流さないようにしながら解体し、肉や血を食べ、皮は衣類などにして余すところなく利用する。そこにあるのは厳しい自然とともに生きる遊牧民たちの、万物を恵む天と地への感謝の念なのだそうだ。

話を聞くにつれ、〝ただの塩茹で〟だと思っていたことが恥ずかしくなる。生きるための糧として感謝の念があるからこそ、シンプルにいただくのが一番なのだろう。「いただきます」と手を合わせて、チャンサンマハを口に入れる。

脂がのった肉はギュッとしまっていて歯ごたえがあり、ほのかな塩味が旨みを引き立てている。やがて羊特有の匂いが鼻腔に広がり、風味をより豊かなものにする。遊牧民の羊肉の調理法は「茹でる」か「蒸す」に限るそうだ。これも肉の味を大事にするからであり、彼らにいわせると焼いた羊の肉は美味しくないらしい。

「モンゴルでは地方によって肉の風味が違います。羊のエサとなる草の種類が異なるからです。私が住んでいた内モンゴル自治区だけでも、シャボクという低木が多い西部で放牧された羊はシャボクの香りがするし、アイクという香りの強い灰色の草が生えている東部の羊にはその香りや味が出る。だから、モンゴル人はどこの羊か食べればわかるんですよ」

草が調味料の役割を果たしているのかもしれないね、とチンゲルトさん。春になって肉の保存ができなくなると、残りの肉を干し肉にしてかじりながら、家畜の出産が始まる季節を待つという。しかし、気になるのは遊牧民の食事がこのチャンサンマハと乳製品、スーテー茶（塩入りミルクティー）が中心だということ。小麦粉が流通するようになってからはうどんやボーズ（羊肉入り蒸し饅頭）も食べるようになったが、野菜はほとんど食べない。

＊

そんな偏った食生活でも、馬の乳でつくるお酒「馬乳酒」にビタミンCが含まれていたり、チーズからカルシウムや亜鉛を摂取したりと、栄養バランスは上手く成り立っているらしいが、そもそも毎日同じ羊肉で飽きないのだろうか。

「日本の生活も長いし、和食は美味しくて刺身も大好きです。でも、やっぱり羊の肉を食べないとパワーが出ないし、食事をした気がしない。だから今も毎日のように食べています。日本のお米みたいになくてはならないものですね」

モンゴル人は羊の肉を食べながら何百年にもわたって命を受け継いできたのだ。そういえば小さい頃、ご飯粒を残すと親に「農家の人が一生懸命つくったのだから、一粒も残さずに食べなさい」と怒られた。日本人も弥生時代から稲をつくり、米を食べ続けている。遊牧民と農耕民族の違いはあれど、その食べ物に宿るスピリットは同じなのかもしれない、と羊肉を食べながら思う。

＊

「でも、モンゴル人の食も最近はだいぶ違ってきているんです」

チングルトさんがつぶやいた。

「私は遊牧民だったので羊とともに暮らし、毎日その恵みをいただいてきたけれども、都市部の人たちは野菜や魚も手に入るからいろいろなものを食べています」

モンゴルでは一九九〇年の民主化以降、急速な経済発展を遂げる中で遊牧の暮らしをやめて都市に流入する人が増えている。都市部にはいろいろな国のレストランもあるし、マクドナルドもできて、若者を中心に食文化が変わってきているという。チンゲルトさんと同じく「シリンゴル」で働く、モンゴルの首都ウランバートル出身の留学生、アユールザナさんはいう。

「僕たちの世代はスーテー茶よりジュースが好きだし、野菜も食べます。市場では羊の肉が一番高いから、チャンサンマハはお正月やお祝いの時に食べる特別な料理。よく食べるのは羊の肉とジャガイモが入ったうどんです。だからモンゴルでは羊の肉そのものをそれほど食べたいと思いません」

でも、とアユールザナさんはこう付け加えた。

「日本にいるとやっぱり羊の肉が恋しくなります」

かつての日本がそうであったように、転換期を迎えているモンゴルではこれからも食生活はどんどん変わっていくのだろう。だが、ご飯粒と同様、羊の肉への感謝の念は親から子へと受け継がれていくに違いない。

SHILINGOL／シリンゴル
東京都文京区千石四－一一－九
☎ 〇三－五九七八－三八三七
ホームページ http://shilingol.web.fc2.com/

＊

ハンガリーの国宝豚でラードをつくって食す

あなたはパンに何を塗って食べますか？

あるネットの調査によると、一位がマーガリンで六二・二パーセント、次いでジャム、バター、チーズと続く（二〇〇九年「ディムスドライブ」調べ）。ちなみに、私はマーガリンとジャムのコンボ。とくに甘酸っぱいイチゴジャムにマーガリンのコクが合わさると……もう、食パン何枚でもいけてしまう。そしてその後、豊かなお腹周りを見て後悔する。

しかし、そんな後悔なぞ吹き飛ばすような食べ方をしている国があった。それは中央ヨーロッパの小国、ハンガリー。なんと、ラードを塗って食べるのが一般的だというのだ。

「ラードって豚の脂の、あのラードですよね」

その話を聞いた時、思わず聞き返してしまった。カロリーだけで見ればジャム&マーガリンも変わらないかもしれない。だがしかし、あんなギトギトして豚肉特有の獣臭漂うあれを塗るなんて……。想像しただけで胃が重くなってくる。

＊

「私も初めて聞いた時はそう思いましたよ」と笑うのは設永《のぶなが》優子さん。東京・港区にあるハンガリー料理店「パプリカ・ドット・フ」のゼネラルマネージャーだ。国内でも珍しいハンガリー料理店を見つけたので、どんな料理があるのかとたずねたところからそんな話にいたったのである。

「でも、意外とあっさりしていて美味しいの。ちょうど次の料理教室でラードをつくるので参加してみませんか」

店では月に一度、ハンガリー料理の教室を開催しているという。ラードをつくるなんておもしろそうだと参加させてもらうことにした。

＊

「今日の料理はテペルトゥです」

店に集まった参加者にイケメンオーナーのキス・アティラさんが料理の説明を始める。日本に来る前はハンガリーの人気アイドルグループの一員だったという異色の経歴の持ち主だ。方向性の違いからグループを解散し、以前から興味があった日本にやってきた。日本人にハンガリーのことを知ってもらいたいと、二〇〇九年に店を始めたという。

「テペルトゥは豚の脂身を炒めて溶け出た油で、その脂身を揚げた料理です」

それってつまり、脂身の素揚げってことだよな。とにかく脂っこそうだけれども、そのテペルトゥが完成した後に残る溶け出た油を冷やし固めた〝精製ラード〟をパンに塗って食べるのだそうだ。

「ハンガリー人にとってテペルトゥはアペタイザーやおやつとしてとてもポピュラーだし、ラードを塗ったパン、ジーロシュ・ケニェールは朝食の定番なんですよ」

朝からジーロシュ・ケニェール（ラードパン）を食べ、おやつに脂身の素揚げを食べる……ハンガリー人の胃は屈強だ。驚く私の横で設永さんが、「そうなんです」とうなずく。

「お酒もすごく強いんです。食前酒に飲むパーリンカという蒸留酒は一般的なもので四〇〜五〇度あるんですが、ハンガリー人のお客様はみんな、それじゃあ物足りないというんですよ」

だからハンガリーでは六〇〜七〇度もあるパーリンカを自分たちでつくる。それをすきっ腹に飲むと胃がほどよく動き出すので、そこにテペルトゥを食べるのが最高らしい。

＊

ワイルドすぎるぞ、ハンガリー人。

テペルトゥの調理自体はとても簡単だ。脂身を三〜四センチの角切りにして、油を少し引いたホーロー製の鍋に入れ、塩を少々ふってラードが溶け出すようにじっくり炒める。その溶け出たラードで脂身の表面がカリカリになれば食べごろだという。

「今日は特別にマンガリッツァ豚の脂身でテペルトゥをつくります」

アティラさんの言葉に参加者の数人から感嘆の声があがった。聞けば、マンガリッツァ豚はハンガリーにしかいない品種で、牛肉のように色が濃くやわらかい赤身と良質な脂肪が特徴。その脂には血中のコレステロール値を下げる働きがある不飽和脂肪酸が多く含まれ、さらにビタミンや亜鉛などのミネラルも豊富だという。とてもヘルシーな豚なのだ。

「脂の融点が普通の豚より低く、サラサラしています。その肉質と希少性から二〇〇四年には国宝に認定されたんですよ」

飼育管理も政府がおこなっていて、ハンガリーでもふだんはなかなか食べられないらしい。日本にもブランド肉はいろいろあるが、国宝とはレベルが違う。

焦げないように時折動かしながら脂身を炒めていく。溶け出す油はキラキラと透き通っていてなめらかだ。火にかけてから約三〇分、こんがりと揚がったテペルトゥが完成した。

食欲をそそる香ばしい匂いが漂う。鼻を近づけてみるが、心配していた獣臭さも感じられない。口にいれると、その食感に驚いた。外はカリカリだが中はフワフワで、嚙むととろりと溶けて舌に広がる。旨みは豊かなのに、クセもギトギト感もない。国宝の豚ということもあるだろうが、脂身の素揚げがこんなにも食べやすいとは思わなかった。

そして、冷やして白っぽい固形物になったラードをパンにたっぷりと塗る。さらにオニオンスライスを載せてパプリカパウダーと塩を少々。これがスタンダードなスタイルらしい。ハンガリー人が大好きなラードパン。テペルトゥが想像と違っていたとはいえ、たっぷりと塗られたラードには一瞬、躊躇する。思い切って大口でぱくりと咥《くわ》えると、二度目の驚きが訪れた。

口当たりがバターよりもさっぱりしている。それでいてほんのりと甘く、動物性脂肪ならではのコクがしっかりとあって奥深い。設永さんが話していたことが理解できた。もちろん、このラードはパンに塗るだけではなく料理にも使うそうで、「炒飯に使っても美味しいですよ」と設永さん。

「テペルトゥもラードも新鮮さが大事だから、屠畜したばかりの豚でないとつくれないんです。都会の人たちは店で買ったものを食べるけど、田舎では今も自分たちでつくります。手づくりのほうがずっと美味しいですからね。でも、毎日豚を解体するわけにはいかないから、ポピュラーだけど、特別な食べ物でもあるんですよ」

＊

アティラさんがいう。ハンガリーでは、豚は肉や脂身だけでなく、内臓や血、皮、足、鼻と、骨以外のすべてを食す。豚を解体する時は知人や近所の人たちに手伝ってもらって、お礼に解体した豚を振る舞う。そして別の家で屠畜するとなったら、今度は手伝いに行く。そうやってみんなで無駄なく分け合う姿には昔ながらの助け合いの精神があり、神様への感謝の念があるのだという。

「私は北東部のミシュコルッという大きな都市出身なので店で買っていたけど、郊外に住むおばあちゃんは手づくりでした。遊びに行ってラードパンや豚の燻製ソーセージを食べるのが楽しみだったなあ」

アティラさんの話を聞いてモンゴルの羊の屠畜のことを思い出した。遊牧民であるモンゴル人は、万物を恵む天と地へ感謝の念を捧げて羊をほふり、骨や毛皮も余すところなく利用する。動物と共生し、限られた資源を最大限に活用して生きているのだ。ハンガリー人は、ウラル山脈を故郷とする遊牧民族マジャール人が多数を占める。九世紀末にハンガリーに定住してからは農耕を中心とした生活になったが、脂身から出た油をも大事に食べる姿には遊牧民のＤＮＡが表れているのではないかと思う。

＊

ただ、最近は肥満など健康面への意識が高まり、ラードの摂取を控えてヒマワリの油などを使う若者が増えているらしい。豚肉の消費量も一九八五年には一人当たり年間四三キロだったのが、近年は二五キロ程度にまで減っているようだ（日本人は二〇一三年で一二キロ）。さらに、二〇一一年九月には塩分や糖分の高い食品、清涼飲料水に課税する通称「ポテトチップス税」まで施行されている。

「でもやっぱりみんなラードが好きで、つい食べちゃうんですよね」

アティラさんの言葉に、また自分のお腹周りに目を落とす。そうなんです、わかっていても止められない。まあ、明日からダイエットすればいいやと残りのラードパンをほおばるのであった。

Paprika.hu／パプリカ・ドット・フ
東京都港区高輪一-一-一一 グレイス魚籃坂一階
☎ 〇三-六二七七-二〇三七
ホームページ http://www.hungaryshop.jp/paprika/

＊

イギリスの食卓を豊かにするナチュラルソース

「イギリスの料理はまずい」

世界の料理について語る時によく聞く言葉だ。残念ながらご縁がなくてイギリス本土には行ったことがないのだが、イギリスの食べ物といって思い浮かぶのはフィッシュ&チップス。しかしこれはスナックのイメージが強い。アフタヌーンティーも有名だがこれも食事とはちょっと違う。イギリス人はふだん、どのような食事をしているのだろうか。

そこで私は東京・目黒にある店「目黒タバーン」を訪れた。イギリス人がオーナーの本格的なイングリッシュパブで、イギリスの料理も食べられるというからだ。店頭に掲げられたユニオンフラッグに導かれて中に入ると、U字型のバーカウンターを中央に配した店内はイギリスの家具で統一されていた。たくさんのお酒が並び、早くも一杯やりたくなる。

「タバーンは〝食事ができるパブ〟という意味です。東京には自分が行きたいと思う本格的なイングリッシュパブがなかったので、一九九八年にオープンしました」

＊

オーナーのガース・ロバーツさんは日本に住んで四〇年近くになるという。本場の酒と料理を求めて、多くのイギリス人が訪れるこの店を切り盛りするガースさんに、ソウルフードは何か尋ねるとひとつの料理を出してくれた。

「シェパーズパイです」

耐熱皿の中で表面にほどよい焼き色がついたその料理は香ばしさが食欲をそそるが……「パイ」なのにパイ生地がない。

「上に盛られているのはマッシュポテト。シェパーズパイは牛か羊の挽き肉に、パイ生地ではなくマッシュポテトをのせて焼く、イギリスの家庭料理なんです」

ガースさんが教えてくれた。なるほど、取り分けてみると確かにマッシュポテトと挽き肉の二層になっている。シェパーズ（shepherd's）が「羊飼いの」と訳されるように、本来は羊肉を使い、牛肉の場合はコテージパイ（cottage＝田舎の小さな家）というが、見た目は同じで現在はどちらも「シェパーズパイ」と呼ぶことが多いそうだ。店では開店当初に羊肉があまり手に入らなかったこともあり、牛肉を使っている。

「イギリスにはサンデーカーベリー（サンデーロースト、サンデーランチとも）といって、日曜日の昼食にローストした肉を家族みんなで食べる習慣があります。でも、たくさんつくるので肉が余ってしまう。イギリスの家庭ではどの地域でも、その肉をミンチにしてシェパーズパイをつくり、翌日や翌々日に食べるんです。だからシェパーズパイを食べると故郷の家や小

＊

さな頃のことを思い出すんですよ」

ヨーロッパのキリスト教圏の国ではサンデーランチという風習をとても大切にしている（一九五ページ参照）。ロースト肉にはマッシュポテトを付け合わせることが多いから、余った料理をうまく活用しているわけだ。感心しながらシェパーズパイを口へと運ぶ。

丁寧にすり潰し、バターとミルクがたっぷり入ったマッシュポテトはとってもクリーミー。玉ネギやニンジンなどの野菜を混ぜた挽き肉は風味豊かで、口の中にジュワーッと肉汁が広がっていく。そして、その肉汁がポテトに染みこんでよりなめらかに……。素朴だが、幼い頃に洋食屋さんで食べたような、どこか懐かしさを感じる料理だ。イギリス料理がまずいなんて誰がいった！

とくに印象的だったのは挽き肉だ。なぜこんなに味が奥深いのだろうか。そう問うと、ちゃんと秘密がありました。

「グレイビーを使っているんです。グレイビーは肉汁を使ってつくるソースのことで、ロースト肉はもちろん、イギリス料理の多くにこれがかかっていたり、入っていたりする。つまり、グレイビーが料理の味を決めるといっても過言ではありません」

グレイビーは日本における醬油くらい身近なソースのようで、肉を調理した際に出る肉汁に、小麦粉やワインを入れてつくるのが基本。そのほかにも玉ネギやニンニクを足したりと、その味は家庭によってさまざまだ。

＊

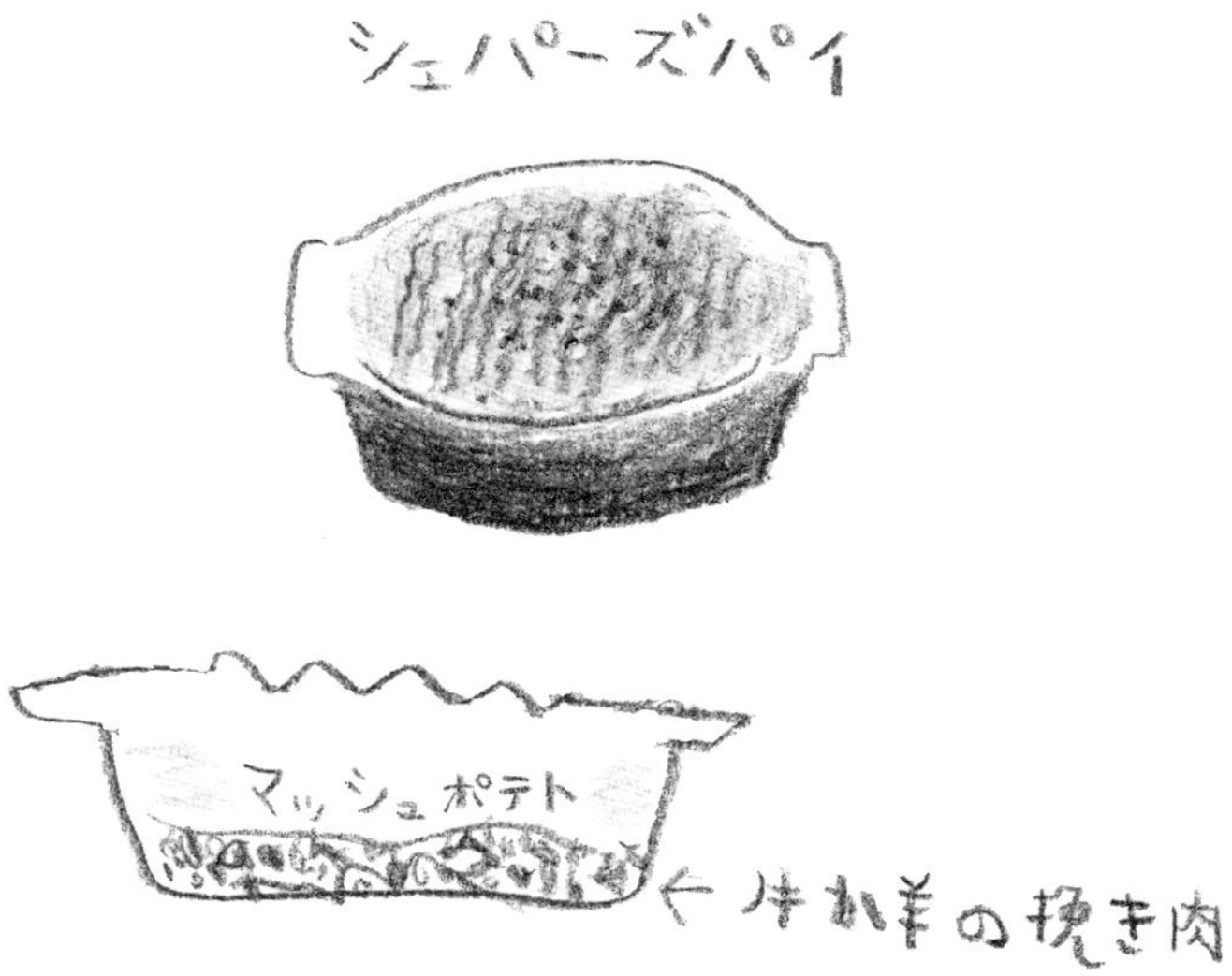

＊

もともとグレイビーとは、肉または魚のブイヨンといった意味を持つ古フランス語の「グラネ（グラヴェ）」という言葉から派生したものらしい。歴史は古く、一四世紀末に出版されたイギリス最古といわれる料理書『フォーム・オブ・カリー』にも記載があるという。ただ当時のグレイビーは鶏肉や魚介のゆで汁にスパイスなどで味付けしたもので、現在のように肉汁でつくるようになったのは一六世紀頃といわれている。さまざまな材料を使った手の込んだソース文化が熟成されていったフランスに反発するように、イギリスでは素材の味を活かしたシンプルなグレイビーソースが中産階級の主婦たちを中心に広がっていったようだ。

一九世紀になるとイギリスでも上流階級の人びとはフランス料理に傾倒するが、経済的に豊かではない中産階級の人間は合理的でナチュラルなグレイビーソースを愛し、日常的にローストした肉にグレイビーをかけて食べたという。そして、さらに無駄をなくすようにと余った肉を煮込みにしたりと工夫した。シェパーズパイもそのような歴史の過程で生まれたのかもしれない。

ガースさんのグレイビーはトマトペーストをはじめ、いろいろな野菜を入れて一四時間もかけてじっくり煮込む。そのグレイビーを挽き肉に混ぜることで、旨みが引き出されたシェパーズパイができるのだという。故郷を思い出す味だというのだから、ガースさんのお母さんはさぞ料理上手だったのだろう、と思ったら意外な言葉が返ってきた。

「実は私の母の料理はあまり美味しくなかったんです。シェパーズパイも、食卓に出てくるとまたこれか〜なんて思っていました（笑）。故郷はイングランド中部のコッツウォルズという街なんですが、のどかなところで当時はレストランもあまりなかった。だから大学に入ってロンドンに来た時に驚きましたよ。世の中には美味しい料理がたくさんあるんだって」

料理の美味しさに目覚めたガースさんは、大学に通いながらいろいろなパブやレストランで働いてイギリス料理の味を知り、腕を磨いたという。母の味の苦い思い出が根底にあるからこそ、東京在住のイギリス人たちが楽しみにする目黒タバーンのシェパーズパイが生まれたといったら、ガースママに失礼だろうか。

＊

「イギリス料理がまずいといわれるのには諸説あるけれど、私はグレイビーをちゃんとつくらないことも大きな理由だと思います。グレイビーはインスタントパウダーもあって、最近はほとんどの家庭がそれを使っている。私の母もね。祖母の時代はみんなつくっていたけれど、母は手を抜いていたんですよ（笑）」

そういえば、日本にも少し前の食卓には必ずうま味調味料があって、やたらとふりかけていたっけ。便利なんだけれど、全部似たような味になってしまう感は否めない。

忙しい今の時代、楽を求めてしまうけれど大切にすべき味がある。ガースさんのシェパーズパイにはそんな思いが込められている。

The Meguro Tavern ／目黒タバーン
東京都目黒区下目黒一-三-二八 サンウッド目黒ビル二階
☎ 〇三-三七七九-〇二八〇
ホームページ http://www.themegurotavern.com/

＊

ハイジも食べてたスイスのチーズ料理

「子どもの頃、アニメや映画に出てきた料理に憧れたよね」

友人数人とのお茶の席、誰かがいったその一言が発端だった。『天空の城ラピュタ』の目玉焼きトースト、『はじめ人間ギャートルズ』のマンモス肉と、その場が一気に盛り上がる。そういえば昔、『クレイマー、クレイマー』でダスティン・ホフマンがつくるフレンチトーストを真似してつくったっけ。

その中で全員が「憧れた！」と声を揃えたのが、テレビアニメ『アルプスの少女ハイジ』に出てきたチーズをのせたパンだった。おじいさんが暖炉でチーズをあぶってパンにのせる。シンプルな料理だがとろとろに溶けたチーズをほおばるハイジがたまらなく羨ましかった。ただのチーズパンとは言い難い魅力を持つあの食べ物は何なんだろう……。

＊

原作となった『ハイジ』は、一九世紀のスイス人作家ヨハンナ・シュピリの児童文学作品だ。ハイジの住む山小屋や牧童のペーターが山羊を世話する様子は当時のアルプスの暮らしそのものであり、スイスでは一世紀以上を経た今もその情景は大切に受け継がれているようだ。そんなスイスを象徴する少女が食べるものなのだから、スイス人の思いが込められているかもしれない。

＊

そう思ってやってきたのが東京・荒川区の西日暮里。ここに以前訪れたことのあるスイス料理の店があるはずなのだが……なんと道に迷ってしまった。西日暮里から谷中にかけての台地は風情ある寺町でたまに散策に来るものの、道が入り組んでいていつも迷ってしまう。汗を吹き出しながら坂を降りたり上ったりして、ようやくスイスの国旗を見つけた。

ハーブガーデンに囲まれて立つログハウスに涼風が流れる。この界隈は江戸時代、江戸の町や富士山が一望できる景勝地だったそうだが、思わず〝東京のアルプス〟といいたくなるほど、スイスカフェ「シャレー スイス ミニ」はかわいらしかった。

ログハウスの扉を開けるとスイス人のパッシュ・デニーさんが出迎えてくれた。来日二〇年以上というデニーさんは、一九九八年からこのカフェを営んでいる。さっそく、ハイジの食べ物について尋ねると、デニーさんはすぐにピンときたようだ。

「ラクレットですね」

フランス語で「削る」という意味の「ラクレ」に由来しているという。

「チーズの断面を温めて溶けた部分を削り落とし、食材にからめて食べる料理です。パンよりジャガイモのほうが一般的で、生ハムなどにからめる時もある。スイスでは全国どこでも日

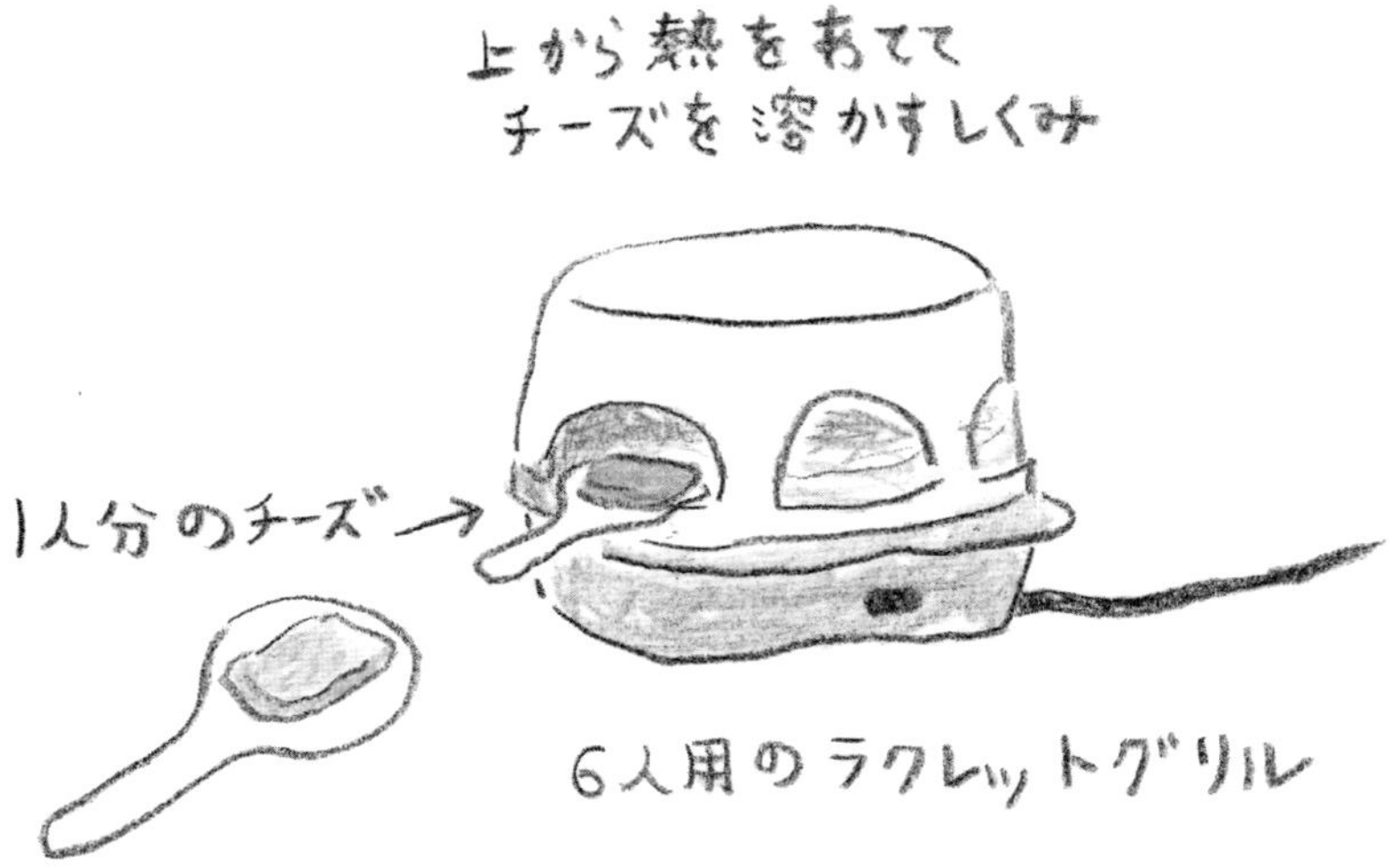

常的に食べられていますよ」
アルプス山脈とジュラ山脈が国土の約七割を占めるスイスは、古くから放牧を中心とした山岳農業が主流。チーズの生産も古代ローマ時代にはすでに行われていた。スイス南西部のヴァレー州を発祥の地とするラクレットは、山岳地帯で生活するハイジのような牧童たちが焚き火のそばに石を置いて焼き、その上にチーズを載せて表面を溶かして食べたのがはじまりだという。
「昔はハイジのように暖炉などであぶっていたけれど、今は専用のラクレットグリルがあります。二人用や六人用、パーティー用など大きさや形もさまざまで、スイスでは八割以上の家庭にあるんじゃないかな」
そういって、デニーさんは六人用グリルをテーブルに置いて電源を入れた。ホットプ

＊

レートにフタをしたような形で、横にある六つの穴にそれぞれチーズを載せた金属製の専用ヘラを入れて上から熱をあて、チーズを溶かす仕組みだ。

「ラクレットチーズはこの料理専用に生産されているチーズです。でもつくっている場所によって味が違います。牧草の種類で乳製品の味は変わりますからね。だから、スイスには乳製品を専門に置く店があって、みんなお気に入りの店に買いにいくんです。日本には少ししか輸入されていないから、美味しいラクレットチーズを見つけるのにとても苦労します」

デニーさんの話を聞いているうちにラクレットチーズが溶けてきたようだ。チーズの芳醇な香りが辺りを漂いはじめる。

「チーズの溶け具合は目と耳で確認して。グツグツと音を立てて、表面にツブツブが出るくらい溶けた時が一番美味しいから」

香りに誘われてフライングしそうになる私をデニスさんの言葉が抑える。スイスの子どもたちもそんな風に親にいわれながら、チーズが溶けるのを待っているのだとデニーさんは笑う。

＊

「さあ、食べ頃だ」

デニーさんが茹でたジャガイモにとろとろのチーズをヘラから削るように落とした。ペッパーなどが入った専用スパイスをふりかけて出来上がり。アニメ同様、非常にシンプルだ。

熱々のチーズは、クセはそれほどないが深みがあった。そして、その味わい深さがジャガイモの甘みと絶妙に絡み合う。ラクレットは食事の中ではメイン料理に位置するというが、サイドメニューになりがちなジャガイモを主役にしてしまうのはチーズの力なのか。「白ワインと食べるのが最高！」とデニーさんはいう。

「スイスでは昼食を一番大事にしています。昼食の時間になると子どもは学校から、大人も職場から家に帰ってきてみんなで食事をするんです。私もスイスにいた頃はそうでした。でもお昼は時間が限られるでしょう。短い時間の中でラクレットは手軽で食べやすいんです。それにみんなでグリルを囲むから会話も弾む。学校で起こったこととか、他愛のない話をして笑いながら食べるのがすごく楽しかった」

八人兄弟の七番目だったというデニーさん。三歳まで農家だった祖父母の家で育ち、実家に戻っても物心ついた頃には上の兄弟はすでに働いていて家にいなかったというから、家族が揃う時間の大切さをより深く知っているのだろう。日本は学校も職場も遠いし、忙しいから家族はなかなか一緒に食事ができないね、とデニーさんは少し寂しげだ。

「毎日食べるものではないけど、そのぶん食卓に出ると嬉しかったですね。日本の天ぷらのような感じでしょうか、日常食だけど少し特別感がある。ラクレットは家族の食卓を豊かにしてくれるんです」

今は年に一度くらいしかスイスに帰れないというが、その時は親や兄弟と食卓を囲み、近況を話しながらラクレットを食べるそうだ。

＊

「スイス料理で最初に名が挙がるのはチーズフォンデュだと思いますが、あの料理はスイスにほど近いフランスのサヴォワ地方が発祥なんです。今ではどちらも同じくらいよく食べられているけれど、本当の意味でスイス人が自国の料理だと誇るのはラクレットかな」

おじいさんがつくるラクレットを嬉しそうに眺めて待つハイジの姿は、時代が移り道具が発展しても変わらないスイスの家族の食卓を、そのままに映し出しているのだ。

CHALET SWISS MINI／シャレー スイス ミニ
東京都荒川区西日暮里三−三−一二
☎ 〇三−三八二一−六〇三三
ホームページ http://www.chaletswissmini.com/

＊

ブルガリア人の健康を支えるヨーグルト

「日本に来て初めて食べた時は、懐かしくて涙が出そうになりました」

二〇一四年の三月場所で引退し、一〇月に断髪式を終えた元琴欧洲の鳴戸親方が語る。二〇〇二年にブルガリア共和国から来日し、入門から一九場所目の二〇〇五年一一月場所には、年六場所が定着した一九五八年以降では史上最速（幕下付け出しを除く）となる大関昇進を決めた名力士だ。

その現役時代を支えたのが母国の食べ物だったと耳にして問い合わせたところ、話を伺うことができた。破竹の勢いで番付を駆け上っていった親方も、佐渡ケ嶽部屋に入門した当初は日本食に馴染むことができず、苦しい日々を送っていたという。

「そんな時、心配した先代の佐渡ケ嶽親方（元横綱・琴櫻）がブルガリアでとても愛されている食べ物を出してくれたんです」

当時の鳴戸親方は大喜びでそれを食べ、以降は食事にそれを欠かさなくなった。現役時代、

＊

体調に大きなトラブルがなかったのはその食べ物のおかげだという。身長二〇二センチ、体重一五五キロという当時の体軀を支えてきた食べ物とはいったい何だったのか。

「ヨーグルトです」

予想外にかわいらしい食べ物が出てきた。おそらく多くの人の頭の中に「明治ブルガリアヨーグルト」が浮かぶに違いない。もちろん、私もだ。商品に国名が入っているのは伊達ではないんだな、と感心する。

でも、ヨーグルトで力が出るのだろうか。私も毎朝食べているが感じたことはないなあ。

「魚や肉料理のソースに使ったり、フルーツやハチミツ、クルミを入れてデザートとして楽しんだりもします。でも、普段は四五〇グラムのプレーンヨーグルトのパックをシェイクしてそのまま飲んでいますよ」

さすが親方、なんとも豪快な食べ方、いや飲み方か。「私も毎朝食べている」などといってしまったが、レベルが違いました。日本に来る前の高校生の頃は、なんと一日二キロものヨーグルトを食べていたこともあると親方は笑う。

「食事を最も多くとっていた頃で、ヨーグルトの量も必然的に増えていましたね。当時はレスリングをしていたので、ダイエットが必要な時はヨーグルトばかり食べて総摂取カロリーを抑えたりすることもありました」

確かにヨーグルトはタンパク質やカルシウムの含有量が多く、悪玉菌を減らしてくれる乳酸

＊

菌も含む栄養価の高い食べ物だ。しかし、親方そしてブルガリア人にとってヨーグルトが特別な理由はそれだけではないようである。

ヨーグルトがつくられ始めたのは紀元前五〇〇〇年頃、東地中海からバルカン半島、中央アジアの辺りだとされているが、その効用が本格的に研究されるようになったのは一九世紀のこと。一九〇〇年代初頭には、ロシアのノーベル賞微生物学者イリヤ・メチニコフがブルガリアのある地方に長寿の人間が多いことに着目し、その理由がヨーグルトを大量に食べているからだとしてヨーグルトの摂取を勧めたという。

そして、そのヨーグルトの健康効果を裏付けたのがブルガリア人の医学者スタメン・グリゴロフだ。一九〇五年に伝統的なブルガリアのヨーグルトに三種類の乳酸菌が含まれていることを発見したのである。その後、WHOとFAOによって設置された食品規格委員会（コーデックス委員会）がそのうちの二種類、ブルガリア菌とサーモフィラス菌の発酵作用でつくられたものをヨーグルトと定義付けた（現在の定義では菌の種類が増えている）。

商品名どころか必須菌種に国名が入っていた。ブルガリア人とヨーグルトの結びつきは相当強いようだ。もちろん、ヨーグルトを使った料理もいくつもあるという。ヨーグルトの料理とはどのようなものなのだろう。親方馴染みのブルガリア料理店「ソフィア」でいただいてみることにした。

＊

「僕もヨーグルトは毎朝食べています」

そう話すのは、店で働くブルガリア人のヨルダン・クラシミロフ・マルコフさんだ。来日して約一〇年のヨルダンさんに、さっそくヨーグルト料理を尋ねた。

「一番有名なのはタラトルですね。夏は欠かせません」

タラトルとはヨーグルトに水や牛乳などを混ぜた冷製スープ。そういえば鳴戸親方もよく飲むと話していた。

「一般的には刻んだニンニクとキュウリ、クルミが入っています。ブルガリアの夏は四〇度を超す暑さですが、さっぱりしているので食が進むし、夏バテにもいい。ブルガリア人は夏になると毎日のように飲んでいますよ」

見た目はヨーグルトと変わらないがサラサラとした口当たり。塩気のある確かにさっぱりとした味でニンニクがほのかに香り、キュウリの青みとクルミの食感がほどよいアクセントだ。消化もよさそうで、うん、暑い夏にぴったり。親方は店に来ると二杯飲むこともあるそうで、ヨルダンさんも「お昼に飲むことが多いですが、ブルガリアではビールジョッキに入れて飲んでいました」と笑う。

＊

いっぽう、冬によく食べるのはスネジャンカという料理だそうだ。これは店のマネージャーである伊藤和志さんが説明してくれた。

「いわゆる水切りしたヨーグルトです。食品用さらしやキッチンペーパーで包んで寝かせ、水分をとばすことでクリームチーズのような濃厚でまろやかな味になるんです」

水気を切った後のつくり方はタラトルとよく似ていて、細かく刻んだキュウリとニンニク、クルミなどを混ぜて塩、コショウで味を調えてできあがり。地方や家庭によって酢やマヨネーズを入れたりするそうだが、タラトルとの大きな違いは水分だけのようだ。

しかし、味はだいぶ違った。ねっとりとしていてギュッと濃縮されたコクがある。それでいて、ヨーグルトの酸味はしっかりあり、さわやかな風味が舌に残る。

「スネジャンカをつまみながらワインやブランデーを飲むのが最高なんですよ」とヨルダンさん。店にくる日本人は一皿を数人でシェアするが、ブルガリア人は一人一皿注文するらしい。しかも、タラトルもスネジャンカも日常的に食べる家庭料理だというから、「ヨーグルトを切らすわけにはいかないですね」というと、そもそもブルガリアではヨーグルトは家庭でつくるものだとヨルダンさんは話す。

「もちろん、ヨーグルトのメーカーや種類もいろいろあります。でも、自分でつくる人が多く、だいたいどの家庭の冷蔵庫にも手づくりのヨーグルトが入っていますよ。ブルガリアでは牛だけではなく、羊や山羊の乳でもヨーグルトをつくります。一番貴重なのは水牛のヨーグルト。固めで味も濃厚なんです」

約四〇度に温めた家畜の乳にヨーグルトかヨーグルト種菌を混ぜて、温度を保ちながら半日から一日置いておけばできるという。しかも、ブルガリアは農業国であり、都市部以外ではヨーグルトをつくるために家畜を飼っている家庭も多いそうだ。

＊

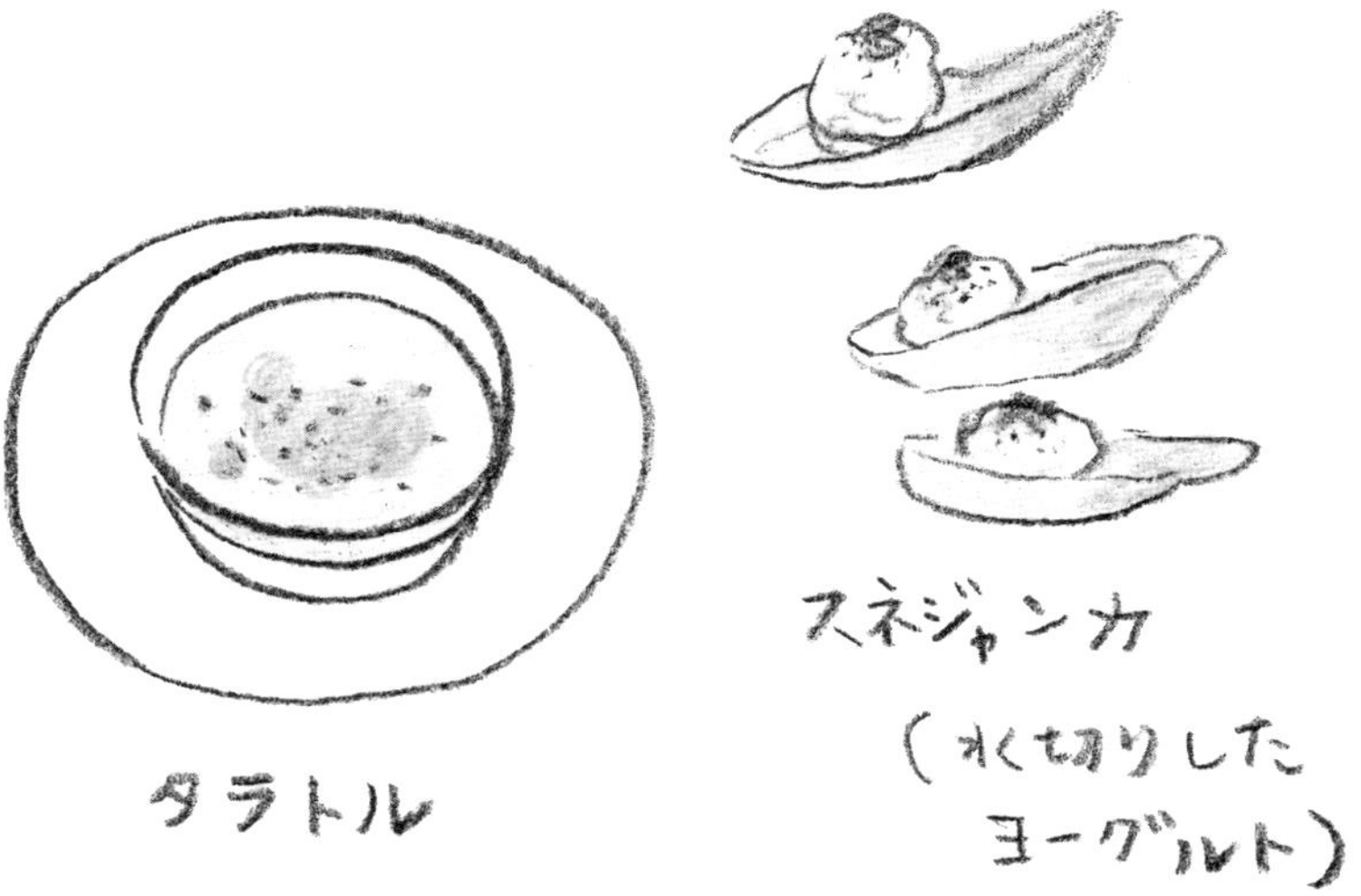

「僕はトルコ寄りのトラキア地方、ノヴァ・ザゴラの出身。両親は電器屋を営んでいましたが、田舎なので畑も持っていて休みの日は農業をしていました。僕が小さい頃は飼っている羊の乳でヨーグルトをつくっていましたね。高校生になると一番美味しいからと山羊を飼い始めました。山羊の乳はクセがあるけれど薄くて人間の母乳に近いといわれているんです」

　山羊は多い時で三頭飼っていて、搾乳用としての役目を終えたら食べてしまったという。それがブルガリアの地方の暮らしなのだ。

「ブルガリア人にとってヨーグルトは日本でいう味噌のようにとても身近なものです。タラトルはいわゆる味噌汁なんですよ」

　ヨルダンさんの言葉を聞いて、鳴戸親方が

「ヨーグルトは日本人にとっての米くらい大

＊

事なもの」だとして、こう話してくれたのを思い出した。

「今でもヨーグルトを食べると故郷のブルガリアを思い出して心が落ち着いたりします。場所中は妻にタラトルなどのブルガリア料理をつくってもらうと、よい気分転換になりました。相撲は日々の稽古も大切ですが、バランスが良い食生活も同じくらい大切。そのことも親方として若い力士たちに伝えていきたいです」

ブルガリア人の身体と心を支えてきたヨーグルト。そういえば、最近の市販のプレーンヨーグルトには粉砂糖が付いていない。本来の味を楽しもう、ということなのだろうか。今までなんとなく食べていたが、これからはあの酸っぱさをもう少し味わって食べようと思う。

Bulgarian Dining TROYAN／ブルガリアンダイニング トロヤン
東京都中央区銀座一-九-五　ホテルユニゾ銀座一丁目一階
☎〇三-六二六四-四八四四
ホームページ http://dompierre.jp/troyan/
※「ソフィア」は二〇一八年二月に移転、店名も新たにオープンしました

＊

ブータン料理が世界一辛いといわれるワケ

雨が降る肌寒い秋の休日、傘の中に身を縮めるようにして、私は待ち合わせ場所に向かっていた。事の発端はとある記事。世界一辛い唐辛子とされている「トリニダード・スコーピオン・ブッチ・テイラー」を上回る激辛の唐辛子がアメリカで栽培され、ギネス世界記録に認定されたという記事を読んだことに始まる。

「キャロライナ・リーパー」と名付けられたその唐辛子は、平均約一六〇万スコヴィルという数値を出したそうだ（スコヴィルは唐辛子の辛さの単位）。日本でスナック菓子に使われてブームを巻き起こしたハバネロですら約三〇万スコヴィルというのだから、「触っただけで悶絶しそう……」なんて苦笑いをしながら読んでいたのだが、ふとあることを思い出した。

「ブータンの料理は世界一辛い」

二〇一一年にブータン王国の国王夫妻が来日した時に話題になったブータン料理のことだ。スコヴィル値はさておき、ブータンでは料理に唐辛子を使うのが基本で、国民はみんな唐辛子

＊

が大好きなのだとか。私も辛いのは好きだが、「唐辛子」が基本とはすさまじい。がぜん確かめたくなった私は、日本に留学中のブータンの女性と食事をする機会を得て、東京・代々木上原のブータン料理店「ガテモタブン」へと歩を進めていたのだ。

先に到着していたレキ・チョデンさんは優しい笑顔で迎えてくれた。二〇一一年の春に来日し、横浜の大学で移動通信技術を専門に学んでいるという。

「ブータン人はみんな唐辛子が好きなんですか」

席に着いてさっそく率直な質問をぶつけると、彼女はにっこり笑って答えてくれた。

「好きですよ。ほとんどの料理に入っていて毎日食べています。唐辛子がないと食べた気がしないというか、ブータンでは唐辛子のない生活なんて考えられません」

確かにガテモタブンのメニューはスープや煮込み料理、サラダまで見事なほどに唐辛子が入っている。それに、ブータンの市場では家族で消費するのでも唐辛子はキロ単位で買うのが普通だし、小腹が空いたらそのままポリポリかじったりもするとか。そのままって考えただけで舌がしびれてくるのだが、ブータン人には辛くないのだろうか……。

「辛いという感覚はあります。でも物心つく前から食べているので辛いのが大好きだし、美味しいと思う。唐辛子って日本や韓国だとスパイスとして使われることがほとんどだけど、ブータンでは野菜として食べるんですよ。ブータンの家庭で毎日のように食べる唐辛子料理があるので一緒に食べましょう。私が一番好きな料理でもあるんです」

＊

レキさんは料理をオーダーした。しばらくして運ばれてきた料理を見て仰天する。ホワイトシチューのようなスープの中に、丸ごともしくは半分に切った唐辛子がゴロゴロと入っているのだ。

「エマ・ダツィです」

ブータンの言葉でエマは唐辛子、ダツィはチーズを意味する。つまり、「唐辛子のチーズ煮」というわけだ。つくり方はシンプル。唐辛子とチーズを少々の水と一緒に煮込んでいく。味付けの基本は塩で、そこにトマトや玉ネギ、ニンニクなど、家庭によってアレンジが加わるのだという。「これをご飯と一緒に食べるんです」とレキさんは、赤米にエマ・ダツィをかけて美味しそうに食べ始めた。ブータンの主食はお米で、とくに赤米が好まれるという。

私も辛いものは好きだ。が、強いわけでもない。山盛り唐辛子を前にひるむ心を抑えてエイヤッと一口……。あれ、確かに辛いのだがチーズのまろやかさが包み込むのか、舌にピリッと刺激が走る程度で「食べられない！」ということはない。それどころか、噛むほどに唐辛子が本来持つ甘みや苦み、青臭さが口に広がり、チーズの風味と相まって実に味わい深い。唐辛子が野菜だというのはこういうことか。

「唐辛子って甘いんですね」

＊

そういいながらもうひとつ唐辛子を口に入れると、たちまち強い辛さと苦みが襲ってきた。真っ赤になって水を飲む私を笑いながらレキさんはいう。

「唐辛子によって味はそれぞれ。甘みが強いものもあれば、とても辛いものもあります。どの野菜もそうでしょう」

レキさんからするとこのエマ・ダツィは「ぜんぜん辛くない」らしい。汗ひとつかかず、何とも涼しい顔だ。ちなみにブータンでは唐辛子の種類や量で辛さを調整するそうで、国内でいろいろな種類の唐辛子を栽培しているほか、他国から輸入もしている。「インドの小さな唐辛子はすごく辛い。ブータンの唐辛子のほうが味が豊かです」とレキさん。

同じエマ・ダツィでも、寒い日は身体を温めるために辛い種類を使ったり、二種類入れて味の違いを楽しんだりと、その時の気分や状況で変えるという。また、酪農が盛んなブータンではチーズもよく食べられていて、この二つでつくるエマ・ダツィにジャガイモが入ると「ケワ・ダツィ」、干した牛肉を入れれば「シャカム・ダツィ」となる。ブータンは煮込み料理が多く、その料理一～二品をおかずにご飯をたくさん食べる。唐辛子とチーズという二大食材が使われたエマ・ダツィは最も基本的な料理であり、ご馳走なのである。

「私は学校が遠かったので八歳の時から寮で生活していました。ブータンの子どもは寮に入る子が多くて、実家に帰るのは夏と冬の休みだけ。寮の食事はあまり美味しくないので、母の料理が恋しくてたまらなかった。それをわかっている母は、私が休みになって家に帰ると『好

＊

きなものをたくさん食べなさい』と、必ずエマ・ダツィをつくってくれたものです。だから、休みに入ると太っちゃうんです」

レキさんが小さい頃の思い出を懐かしそうに語る。

「両親は農業を営んでいたから、母が台所に立つと私は畑から唐辛子を採ってきて料理を手伝いました。姉や祖母、時には父も一緒になってみんなで食事をつくる。でもそれは話がしたいからなんです。学校や友だちのことをワイワイ話したくて、みんな台所に入っちゃう」

レキさんの家では牛も飼っていて、父親が搾った牛乳でチーズをつくるのも子どもの役割だったという。ブータンの子どもたちは手伝いをしながら、親との限られた時間を大事に過ごしているのだろう。

「日本でも料理はするけれど、やっぱり実家のフレッシュな唐辛子とチーズでつくったエマ・ダツィにかなうものはありません」

しかし、なぜ中南米原産の唐辛子がここまでブータン人の生活に入り込んでいるのか。唐辛子は一五世紀末にコロンブスが香辛料として新大陸からヨーロッパに持ち帰り、商人によってアジアやアフリカを中心に広まっていったもの。いっぽう、ブータンは国のほとんどを山と谷が占め、農耕地は約三パーセントしかない。実際、日本人で農業の専門家だった故・西岡京治氏が一九六四年にブータンで農業指導を始めるまで、食料自給率は六〇パーセント程度しかなく、栽培する野菜の種類もかなり少なかったという。つまり、野菜が少なかったブータンにお

＊

いて、高地で痩せた土地でも比較的栽培が容易である唐辛子は、瑞々しい野菜としてブータン人の心を摑んだのではないだろうか。

それから唐辛子に含まれる成分、カプサイシンの食欲増進効果もあるかもしれない。辛いとわかっているのに、汗をかいているのにエマ・ダツィを食べるフォークが止まらないのだ。ただ、刺激のせいで少々胃が重くなってきた。喜んだり、悶絶したり、汗をかいたりと忙しい私を楽しそうに見ながらレキさんがいう。

「私たちも同じですよ。あまり食べ過ぎると胃を傷つけるみたいで、両親やお医者さんに食べるのを止められたりします。でも、食べちゃうんですけどね(笑)」

ブータンの料理は確かに辛い。でも、「世界一辛い」ではなくて「唐辛子を愛する心は世界一」といったほうが正しいのではないだろうか。外はまだ雨が降っていて寒かったが、エマ・ダツィのおかげで身体は温かかった。翌日のトイレをちょっと心配しつつも、軽い足取りで帰路についたのだった。

＊

家庭の食卓、
母の手料理

ペルーの家庭で食べた食文化の象徴

「世界のベストレストラン五〇」をご存知だろうか。イギリスの雑誌『レストラン・マガジン』が発表するもので、世界各国の評論家やシェフ約一〇〇〇人が選ぶ外食業界で最も影響力があるとされるレストランランキングだ。

欧米がほぼ上位を占める中、数年前から存在感を示している国がある。ペルーだ。二〇一七年には首都リマにある「Central（セントラル）」が五位に入ったほか、八位と三三位にもランクインしている（ちなみに、日本は一八位「NARISAWA」と四五位「傳」の二店）。

日本ではあまり馴染みのないペルー料理だが欧米では以前から有名で、各国でペルー料理のレストランが増えているとか。そして、その人気の秘密は一六世紀にスペインの植民地となって以来、さまざまな移民を受け入れてきたことによる食文化の融合にあるという。

なんだか美味しそうではあるけれど、島国育ちの私には「融合」という言葉がいまいちピンとこない。そんな時に、ペルー人のカルメン・マスミ・ミラグロス・レング・ギマ（日本名・

＊

儀間益美）さんと知り合った。ペルー料理について尋ねると、「それなら、昼食を食べにきませんか?」という。

気になるペルーの家庭料理を味わえるなんてまたとない機会だ。ソウルフードに出会えることも期待しつつ、日曜の昼ごはんにお邪魔することになった。

待ち合わせは千葉県船橋市の某駅。

「せっかくなら伯母さんの料理を食べてほしい。私も久しぶりなんですが、レストランで料理をつくっていたこともあって親族一の腕前なんです」

マスミさんはそういって、彼女の母親のお兄さん宅へと案内してくれた。神奈川の大学に通うマスミさんは将来、通訳士になるのが夢だという。

＊

「Hola（オラ）」

スペイン語の挨拶で迎えてくれたのは、マスミさんの伯父のファン・マヌエル・ギマ・ティアス（日本名・儀間マヌエル）さん。マヌエルさん宅には、マヌエル夫妻と長女夫妻、その息子さん、それに三男が住んでいる。キッチンに案内されると、奥さんのオルフィリア・ヘラスコ・ロペス・デ・ギマさんが食材の準備をしていた。

テーブルの上にはイカやタコ、ジャガイモ、トウモロコシ、唐辛子、コリアンダー、玉ネギ、セロリ、そして調味料が所狭しと並んでいる。何をつくるのかと問うと、マグロのサクを二センチ角ほどのサイコロ状に切りながらオルフィリアさんが教えてくれた。

「セビチェです」

生あるいは軽く湯引きした魚介類のマリネで、ペルーの国民的な料理だという。ペルーでもマグロを生で食べるのかと興味が湧く。「つくり方は簡単なのよ」と、オルフィリアさんはボウルにサイコロ状のマグロ、玉ネギ、セロリ、調味料を次々に入れて手際よく混ぜていった。

「魚介の種類は決まっていません。その時に新鮮で美味しそうなものを選びます。味付けはレモンと塩と唐辛子とアジノモト。これはどこの家も同じだけど、つくる人によってまったく味が変わりますよ」

アジノモトってあの味の素？　そこへ「そうそう、お母さんのセビチェとは全然違う」とマスミさんがオルフィリアさんの手元を覗く。続いて、マヌエルさんの長女の夫のフェルナンド・ブラボ・ナカムラ（日本名・中村フェルナンド）さんも会話に加わった。

「セビチェはレモンと唐辛子が味のポイント。種類も量も人それぞれです。ペルーは日本よりレモンも唐辛子も種類が豊富なんですよ」

日本のスーパーで売っているレモンは酸味が少ないので、酸味を強くしたい時は南米の輸入食材店でメキシコ産のレモンを買って使うそうだ。

「味見をどうぞ」

オルフィリアさんがセビチェを小皿に盛ってくれた。レモンのさわやかな酸味をまとったマグロの赤身はさっぱりとした味わい。それでいてシャキシャキの玉ネギやセロリがマグロの脂

＊

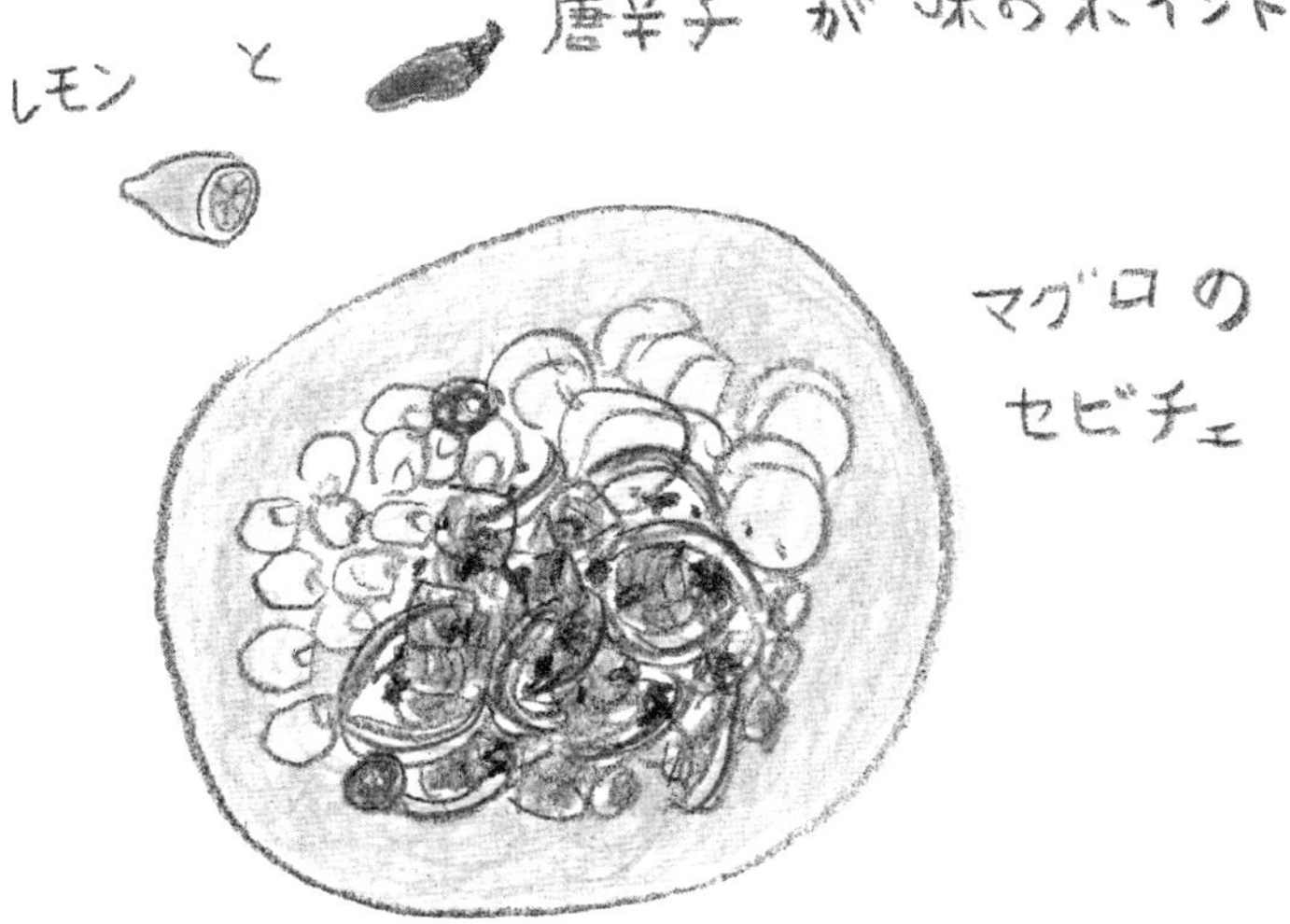

のうま味を引き立てる。唐辛子はピリッとするが強過ぎず、コリアンダーの風味もいいアクセントだ。すべての食材が主張し過ぎず、すっきりしているのに後を引く味。これもひとつの融合だなあ、とじっくり噛みしめる。

「ペルーでは昼の食事を一番大事にしています。日本だと平日はみんな仕事で集まれないから、日曜のお昼は必ず家族で集まってゆっくりと過ごすんです。そんな時に最初に食べるのがセビチェなんですよ」

マヌエルさんが教えてくれた。彼がいうには、セビチェはもともと海沿いにある首都リマの料理だという。冷蔵庫がない時代には魚介がすぐ傷んでしまうことからも、セビチェは昼に食べる料理とされた。ペルーは海、山、ジャングルと大きく三つの

＊

地域に分かれていて、それぞれ文化も食事もまったく異なる。その中でセビチェは人びとの移動、交通の発達などによって全国に広がったそうだ。

「今では全国どこでも食べるし、レストランに行っても最初に食べる料理。店の味はセビチェでわかるといわれるほどです。私はジャングルの出身だけど大好物なんです」

そう話すマヌエルさんになぜ国民食にまでなったのかと聞くと、「さっぱりしているので、飲み過ぎた後にピッタリだからかな」と笑う。それはジョークだとして、セビチェの「さっぱり感」をもたらしているレモンはインドが原産だし、玉ネギは中央アジア、コリアンダーは地中海地方が原産とされている。太平洋に面し、国の年間漁獲量が常に世界で上位のペルーでは、二〇〇〇年ほど前のモチェ文化の頃から魚を生で食す習慣があったという。その頃は地元で採れる果物を搾った汁を使っていたが、スペイン人の入植によってレモンや玉ネギがもたらされたことで、セビチェに使われるようになったようだ。

日本の影響も垣間見える。日本人が南米に移住を開始したのは一八九九年。その最初の移住地がペルーだったという。セビチェにはタコも入るが、日本人がくるまでペルーではタコを食べる習慣がなく、日系人が経営するレストランがタコのセビチェを出したところ、人気に火がついたともいわれている。

＊

それから味の素。一九六〇年代後半にペルーに輸入されるようになった味の素は、オルフィリアさんいわく、「ペルー料理の味の決め手は塩とレモンと味の素で、どの家庭にもレストランにも味の素が置かれている」ほど浸透しているという（一流レストランはないかもしれないが）。こうしてつくられたセビチェは、必ず南米原産のジャガイモやトウモロコシと一緒に食べる。つまり、先住民と移民がともにつくりあげた料理であり、「食文化の融合」であるペルー料理を象徴するソウルフードなのだろう。

「私は日系三世で父方の祖父母は沖縄出身でした。だから家では沖縄料理もよく食べました。ペルー料理も日本料理もどちらも好きです」

マヌエルさんには日本人とペルー人の血が流れていて、オルフィリアさんはコロンビア人の血を持つ。姪で日系四世のマスミさんは中国人やドイツ人の流れもくんでいるという。ペルー料理が世界で受け入れられるのは、各国の文化がほのかに感じられるからなのかな、とも思う。

食卓に料理が並び始めた頃、近くに住むマヌエルさんの長男夫婦とその娘さんもやってきた。スペイン語が賑やかに飛び交い、子どもたちは元気に走り回る。めいめいが席につくと、長男の儀間政則さん（日本国籍を取得しているため日本名のみ）が話し始めた。

「今日は久しぶりにマスミと食卓を囲むことになりました。だから遅くなったけど、マスミの大学進学のお祝いをしよう。夢の実現を願って」

照れるマスミさんにみんなが祝福の声をかける。マヌエルさん宅までの道すがら、通訳士になりたい理由をマスミさんはこう語っていた。

「幼い時に来日してからは外では日本語、家ではスペイン語なので、私は二カ国語を話しま

＊

す。でも、両親は日本語があまりできないので私が通訳しているんです。そうするうちに言葉をつなぐ仕事に就きたいと思うようになったんです」

マヌエルさん一家もマスミさん一家も、一九九〇年代初頭に頻発していたテロから逃れるため、縁ある日本にやってきた。政情はだいぶ落ち着いたものの、いまだペルーの犯罪率は高い。だから祖国には戻らず日本に永住するだろうとしつつも、マヌエルさんはいう。

「両親や他の親戚は今もペルーにいるので、それを思うと心配だし、さみしくなります。だからこそ家族の食卓は大事にしたい。セビチェを食べながらいろいろな話をするんです。ペルーにいた頃を思い出しながら」

国民食であるセビチェは、彼らにとって祖国を身近に感じられる料理でもあるのだ。オルフィリアさんが次々とペルーの家庭料理を振る舞う。マヌエルさん一家の食卓は空が薄暗くなるまで笑い声に包まれていた。

＊

母の思いが詰まったコロンビアのデカ盛りメシ

サードウェーブコーヒーなるものが流行っている。豆の品質にこだわり、ハンドドリップで一杯一杯丁寧に淹れたコーヒーのことだ。二〇一五年二月にはアメリカの人気コーヒーショップ「ブルーボトルコーヒー」が東京に進出して話題になったが、今ではチェーン店にとどまらず個人で味を追求する店も増えているようだ。

コーヒー豆の生産地といわれて思い浮かべるのは、ブラジル、コロンビア、エチオピアあたりだろうか。近年はベトナムなど東南アジアも台頭してきているが、国別生産量はブラジルが一位、コロンビアが三位でエチオピアは五位だ。しかも、コロンビア、エチオピアでは輸出農産物の筆頭であり、国の経済を支える一翼を担っている。

そんなことを調べていたら、ある料理にいきついた。コロンビアにはコーヒー農園で生まれて全国的に広まった料理があるというのだ。そういえばコロンビア料理って食べたことがない。どんな料理なのだろうと気になった私は、東京・恵比寿に向かった。

＊

赤・青・黄の三色のコロンビア国旗を掲げたコロンビア料理店「プント プンタ」。ドアを開けると、コロンビア人の小泉ステラさんがやさしい笑顔で迎えてくれた。息子の明さんが経営するこの店で、二〇一二年頃から母国の料理をつくっている。

「お店でコロンビア料理を出すようになったきっかけは東日本大震災です。日本には三〇年くらい住んでいるけれど、あんなに大きな地震を経験したのは初めて。心を落ち着けるために半年ほどコロンビアに帰ったんです。そうしたら、やっぱり故郷の料理が美味しくて」

しかし、日本にはコロンビア料理が食べられる店がとても少ない。「基本的に塩ベースで日本人にも合うと思うし、みんなに知ってもらいたい」と思ったステラさんは、当時はバーだった明さんの店でひとつのコロンビア料理を提供し始めた。

「まずは試しにと、コロンビアで全国的に親しまれている料理を出したんです」

どうやら、それが私の求めていたコーヒー農園発の料理らしい。隣接するブラジルと同じように肉や豆がメインなのだろうか。バナナの生産量も多いからバナナを使った料理とか。まさか、コーヒーが入っていたりして……。想像をふくらませる私の目の前に、ステラさんはその料理を置いた。

「バンデハ・パイサよ。食べてみて」

「ええっ⁉」

思わず二度見するボリュームだった。大皿に盛られたご飯の上に、スペアリブ、チョリソ、

＊

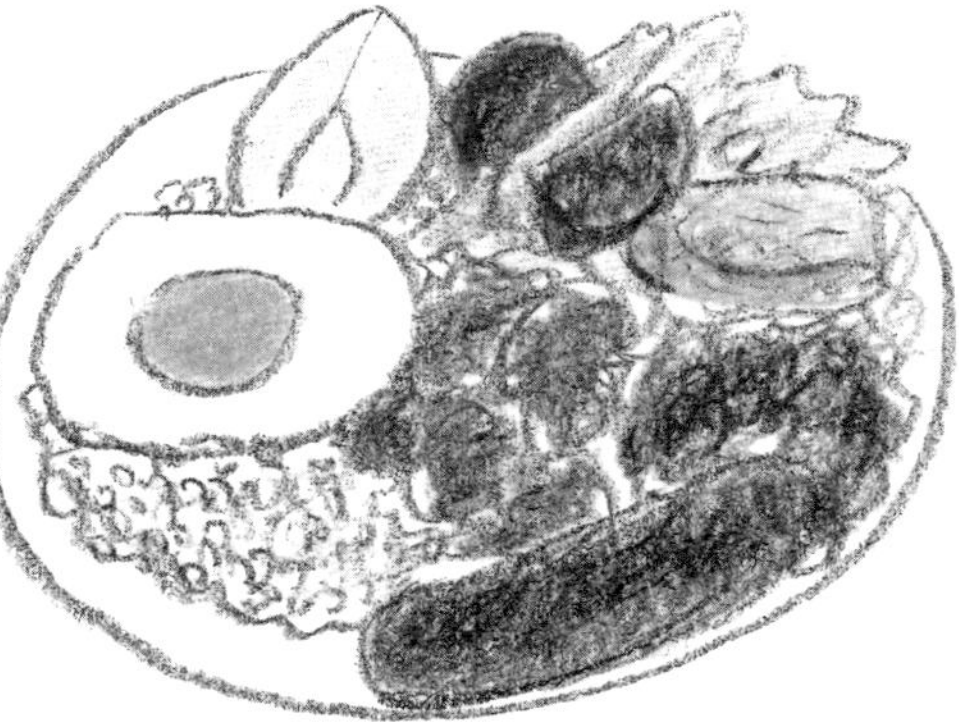

バンデハ・パイサ

挽き肉、豆の煮込み、目玉焼き、アボカド、揚げバナナ、トマト、サラダが「ドドン」と載っている。「トッピング全部載せ」ならぬ「おかず全部載せ」である。

「これ一人分ですか？」

驚いて聞くと、ステラさんの笑顔がふっと消えた。

「あれ？　気に障ることをいってしまったのかな……」

内心ドキドキしていると、明さんが笑って教えてくれた。

「一人分ですよ。でも、お母さんはこの量に満足していないんです。コロンビアではこの二倍の量がありますからね」

これでは少なすぎるとステラさんはいうのだ。だが、中央にのったスペアリブにしろ、直径三センチはあるチョリソにしろ、私から

＊

したらボリューム満点。肉ばっかりだし、十分満足できそうだが……。実際、最初はコロンビアサイズのバンデハ・パイサを出していたが、ほとんどの日本人が食べ切れなかった。周りからも「もったいない」といわれて、現在の量に落ち着いたのだという。

「これじゃケチくさいみたいじゃない。日本人は食が細いのよ。もっと食べないと！」

怒るステラさんに、思わず「すみません」と謝る。バンデハは「プレート」という意味で、パイサはコーヒーの名産地であるアンティオキア県を含む地域のこと。つまり、もともとはパイサの農園で働く労働者が力をつけるために食べていた定食だったという。世界第三位のコーヒー生産を支えているともなれば、肉ばかりなのも量の多さも頷ける。

「おかずは混ぜても、別々でも、食べ方は自由。好きな食べ方でどうぞ」

明さんにいわれて、まずはフリホレスと呼ばれる豆の煮込みからいただいた。ニンニクのきいた塩味の煮豆で、ブラジルのソウルフード「フェイジョン」（二八ページ参照）とよく似ている。これ、不思議なくらいご飯と合うんだよなあ。

チョリソはピリ辛、スペアリブも味はしっかりとついているが、揚げバナナや目玉焼きと一緒に食べると塩辛さが中和されてやさしい味わいになる。一年中暑いアンティオキアのバンデハ・パイサは辛めだが、ステラさんの出身地である首都のボゴタはマイルドで、辛くしたい場合はサルサソースを入れるのだという。

「うちのバンデハ・パイサの具はご飯を入れて一〇種類。でも本当はもっといろいろな肉が

＊

載っていて、一四種類くらいが基本です。日本では手に入らないものが多いのよ」

とくに豚の皮をカリカリに揚げたチチャロンは欠かせないが、「日本ではなかなか手に入らない」とステラさんは嘆く。

一〇種類でも十分多いと思うけれども。しかも、地方によっては毎日のように食べるらしい。店で食べることもあるものの、家族のぶんをつくる母親は大変だ。感心していると明さんがいった。

「うちのお母さんは七歳の時からつくっていたそうなんです」

ステラさんの実家は農家。父親が家畜を育て、母親は羊毛で糸をつくって売っていたそうだ。きょうだいは兄が二人いたが、下に妹が七人もいて、ステラさんが中心となって家事をこなしていた。食事はすべてステラさんがつくっていたという。

「コロンビアの女の子はみんな小さい頃から料理をつくるんですよ。お母さんのやり方を見ながらね」

七歳の頃から日常的につくっているとは恐れ入るが、コロンビアではそうやって親の手伝いをしながら味が受け継がれていく。それも、「家族にお腹いっぱい食べてほしい」という思いとともに。

＊

一〇歳までコロンビアで過ごした明さんがいった。

「お母さんもいっぱい食べろっていうけれど、おばあちゃんのバンデハ・パイサはお母さんよりも山盛りでした。それじゃ足りないだろ、もっと食べろ、もっと食べろっていって」

その言葉を聞いて母親を思い出した。たまに帰ると大皿に盛られて出てくる鶏の唐揚げ。大好物ではあるのだが昔ほどには食べられない。しかし、お腹いっぱいだといっても母は次々に揚げる。もったいないと思っていたが、体調を崩した時に「ちゃんと食べなさい」と書かれた手紙が届いて、いっぱい食べさせることが〝おふくろの思い〟だと気づいた。農業従事者の食事だったバンデハ・パイサがコロンビア全土に広まったのは、子どもにたくさん食べてほしいと願う母親の思いを体現する料理だったからかもしれない。

「実はコロンビアのホテル協会は料理名をバンデハ・モンタニエラに変えてしまったんですよ」

明さんがいった。これだけよく食べられているのだから、国を代表する料理としてアピールしていこう。それにはパイサだと田舎くさいから、イメージアップのために〝山〟を意味するモンタニエラにしようと、ホテル協会が国に申請したのだという。そんな明さんと私の会話を打ち消すようなステラさんの声が店内に響く。

「そんなの誰もピンとこないわよ。やっぱりバンデハ・パイサでなくっちゃ」

私もそう思うなあ。コロンビアの農民たちを支えるために生まれた料理であることを忘れないためにも。

＊

PUNTO PUNTA／プントプンタ
東京都渋谷区恵比寿南二‐一三‐一四　茶屋坂T＆Kビル一階
☎ 〇三‐五七〇四‐六二八〇
ホームページ http://www.puntopunta.jigsy.com/

＊

アメリカのママの味とパパの味

最近、レンタルビデオ店に行った時のこと。何気なく見ていたDVDの棚の中から、一本の映画が目に留まった。一九九七年にアメリカで製作された、その名も『ソウル・フード』だ。

「これは観ろってことだよな……」とひとりごちながら、レジカウンターへと向かう。

シカゴに住むアフリカ系アメリカ人家族のことを描いたヒューマン・ドラマなのだが、そのカギとなるのが母親のつくる「ソウルフード」。それぞれ所帯を持つ三姉妹は、毎週日曜日になると料理上手な母親の家に集まり、母の料理を手伝って食卓を一緒に囲む。三姉妹は性格も異なり時にぶつかりあうが、母のソウルフードが家族の要となって絆を深めていく。切なくも心が温まり、家庭の食卓が恋しくなる映画だった。

＊

そもそもアメリカにおけるソウルフードとは、アフリカ系アメリカ人の伝統料理のことを指すらしい。黒人奴隷制度が敷かれていた時代、奴隷として連れてこられたアフリカ人たちは、牛や豚の内臓といった雇い主が食べずに廃棄するものを食べて生きなければならなかった。そ

マカロニ・アンド・チーズ

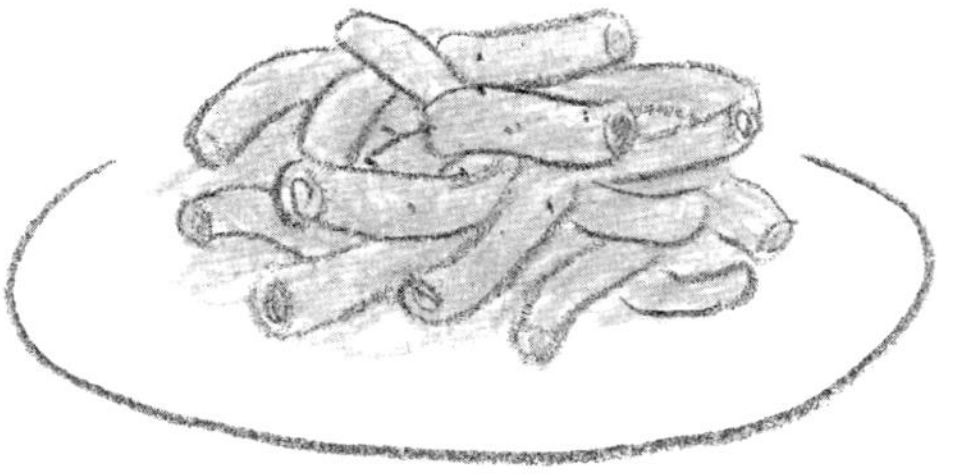

れらを美味しく食べるために発展したのがソウルフードで、内臓や豆の煮込み、ナマズのフライ、コーンブレッドなどがある。

　実際、映画の中でもそれらの料理がテーブルいっぱいに並べられるのだが、その中で私が気になったのが「マカロニ・アンド・チーズ」だ。映画『ホーム・アローン』（一九九〇年製作）でマコーレー・カルキン演じるケビン少年が、泥棒と戦う前に食べていたのを思い出したのだ。

＊

　マカロニ・アンド・チーズは人種に関係なくアメリカの食卓に欠かせないものなのかもしれない。ケビン少年が食べていたのはインスタントだけど、日本のラーメンと同じようにインスタントにするほど身近な料理とも考えられる。そう思うと、無性に食べてみたくなった。そこで、輸入食品店を探し回ってアメリカの大手食品会社クラフト・ハインツ社のインスタント商品を見つけ、つくってみたのである。

箱の中に入っていたのは、マカロニとオレンジ色のミックスチーズの粉のみ。このほかにバターと牛乳を用意する。つくり方はいたって簡単で、茹でたマカロニにバターと牛乳、チーズを混ぜるだけで完成。チェダーチーズを使うことが一般的で、このミックスチーズもチェダーチーズの割合が多いようだ。マカロニにチーズがよく絡まり、独特の発酵臭がほわーんと漂う。スプーンですくって、いただきまーす！

チーズ濃厚、塩気強め、バターのコクしっかり。思わず一言、「う〜ん、ジャンク」。しかしながらジャンクフード世代である私、この味が好きか嫌いかといえば大好きで、ぱくぱくとあっという間に平らげてしまった。あとを引く味、愛されるのもうなずける。

＊

「アメリカの子どもはみんな、インスタントのマカロニ・アンド・チーズが大好きなんですよ」

アメリカ大使館の農産物貿易事務所（ATO）の所長を務めているレイチェル・ネルソンさんが笑顔でいった。マカロニ・アンド・チーズのことをもっと知りたいと思って、アメリカの農産物や食品を日本に紹介するATOに問い合わせたところ、快く応じてくれたのだ。

待ち合わせたのは東京・中目黒にある「ハトスバー」。「せっかくだから食べながら話しましょう」と、アメリカの料理が食べられる店を見つけてくれたのである。

「いろいろな種類のマカロニ・アンド・チーズがあるけれど、クラフト・ハインツ社の商品が一番有名ですね。マカロニ・アンド・チーズというとそれを思い浮かべる人が多いんじゃないでしょうか」

しかし、とレイチェルさんは続ける。

「本来は家庭料理です。私は母親がつくるマカロニ・アンド・チーズが一番の好物でした」

レイチェルさんによると、家庭でつくる場合も材料はマカロニとチーズ、バターが基本だ。ただ、家によってチーズの種類が違ったり、ホワイトソースを入れたり、玉ネギやベーコンをトッピングしたりと多種多様らしい。レイチェルさんの実家は最もシンプルなスタイルだったそうだが、チェダーチーズよりクセの少ないチーズを使っていたそうだ。

そこへ注文したマカロニ・アンド・チーズが運ばれてきた。家庭の味とはまた少し違うと思うが、オレンジ色をしたクラフト社のそれに比べるとオーブンで焼き上げていて香ばしく、色は黄色に近い。フレッシュトマトとパセリもトッピングされている。「熱いうちに食べたほうが美味しいですよ」とのレイチェルさんの言葉で、さっそくいただいた。

とろとろのチーズは香り豊かでまろやか。塩気はさほど強くないが濃厚で、固めのマカロニによく絡む。さらにさっぱりとしたトマトが加わることで、飽きのこない絶妙な味のバランスが生まれている。インスタントも好きだがしょっぱく、少々のどが渇いてしまった。こちらの

＊

ほうがやさしく家庭の温かさを想像させる。

「昔はランチでよく食べました」と、レイチェルさんがいう。学校給食の定番で、大学の学食にも必ずといっていいほどあるらしい。なぜ子どもが好きなのかと問うと、少し考えてから答えてくれた。

「ニンジンやセロリなど、子どもって好き嫌いが多いでしょう。でも、この料理に入っているのはマカロニとチーズ、バターだけ。シンプルでクリーミーな味がいいんでしょうね」

大人になると好みが広がるため、あまり食べなくなる人も多いという。

「それでも時々食べると、昔大好きで食べていた頃のことを思い出してハッピーな気分になります」

レイチェルさんは微笑む。映画『ソウル・フード』でマカロニ・アンド・チーズがたっぷり入ったお皿を手渡す笑顔の食卓が、ふと思い起こされた。

しかし、調べてみるとマカロニ・アンド・チーズの歴史は、アフリカ系アメリカ人のソウルフードの歴史とは少し異なる。一説ではあるが、一九世紀初頭に第三代大統領トーマス・ジェファーソンが考案したといわれているのだ。大使としてフランスに滞在していた頃、イタリアのパスタに魅せられたジェファーソンは、大統領になった後に手動のマカロニ製造マシーンをイタリアから輸入した。そして当時のアメリカにはなかったマカロニをつくり、チーズを絡めて焼いて食べたという。ジェファーソンはそれをパーティーに出したりもした。つまり、最初

＊

は上流階級が食べる高級料理だったのである。

それがソウルフードとして食べられるようになったのはなぜか。きっかけは一九二九年の世界大恐慌によるところが大きいようだ。失業率は二五パーセントにまで上昇し、物価も高騰。食料の一部が配給制となる中、アフリカ系アメリカ人たちが当時は安価で誰でも手に入れることができるようになっていたマカロニと配給チーズとでつくって食べるようになった。腹持ちのいいマカロニ・アンド・チーズは彼らの社会に広がっていき、さらに黒人文化を受け入れる白人によって国民食として愛されるまでになったと考えられる。

ちなみに、クラフト・ハインツ社のマカロニ・アンド・チーズが発売されたのは一九三七年。この年は戻りつつあった景気が再び後退した年である。マカロニ・アンド・チーズはアメリカ人の食のピンチを救ってきた料理のひとつといえるのかもしれない。

＊

「最近は高級レストランでもマカロニ・アンド・チーズがメニューにあるんですよ。ロブスターや肉料理と一緒に提供するのが流行っているんです」とレイチェルさん。インスタントというイメージが強いこの料理を再評価しようという流れがあるらしい。

「大人になったから食べないなんて、もったいないですもんね」

私がいうと、レイチェルさんは懐かしそうな目をして、マカロニ・アンド・チーズをまた口にいれた。

アメリカはいうまでもなく、さまざまな人種が共存する多民族国家だ。マカロニ・アンド・チーズのような国民食がある一方で、広大な土地と人種の多さから食文化が地域ごとに大きく異なるのもアメリカの料理の魅力だとレイチェルさんはいう。

「たとえば、メイン州などのアメリカ北東部の大西洋沿岸地域は水産物が豊富で、クラムチャウダーやロブスターが名物。アリゾナ州などの南西部ではトルティーヤやサルサを使った料理などメキシコの影響が色濃く見られます。ミシガン州やウィスコンシン州の辺りは農業地帯で新鮮な食材が豊富なので、旬の野菜を活かした料理や分厚いステーキなどシンプルな食べ方が好まれますね」

レイチェルさんが生まれ育ったニューヨーク州、特にニューヨークシティは世界各国の料理が集まっているものの、パスタやラザニアなどイタリアの影響を受けた料理が家庭ではよく食べられているそうだ。

「そんな地域の多様性がとてもよく出ている料理がバーベキューです」

え!?　バーベキューって屋外で肉や野菜を焼いて、焼き肉のタレをつけて食べるアレだよな。肉は豪快な串焼きや大きなサーロインがあると場が盛り上がる。シメは焼きそば……これは日本特有か。でも、調理法も単純で変化がつきにくいと思うが、どこに地域性があるのだろうか。

＊

私がそういうと、レイチェルさんは大きく首を振った。

「日本とアメリカではバーベキューに対する認識が違うんですよ」

アメリカのバーベキューはアウトドア料理を指すわけでもないし、ましてやステーキとはまったく趣を異にするものだと、レイチェルさんはいう。

「バーベキューとステーキでは、まず使う部位が違います。ステーキはサーロインやヒレなどやわらかくて上質な部位を使いますが、バーベキューは牛や豚のブリスケット（肩バラ）、チャックロール（肩ロース）など、比較的固くて安価な部位が基本。これをいかにやわらかく調理するかがポイントなんです」

だからバーベキューは、ステーキのように直火で香ばしく焼き上げるのではなく、遠火にして低温でじっくりと時間をかけて調理する。そうやって内側をジューシーに仕上げるのだという。

「基本は燻製で、長ければ一日かけて火を通すこともあります。燃料は本格的にやるなら薪ですが、炭を使うことも多い。炭の場合はスモークチップを一緒に燃やします。薪やチップの種類によって風味が変わってくるので、どの種類を使うかはとても重要。こうして手間をかけて仕上げることで、ブリスケットでも高級肉に劣らないほどの味わいになるんです」

鶏や羊、沿岸部では魚介類もバーベキューにするが、アウトドア料理とひとくくりにはできない奥深さがあるようだ。そこへバーベキューが運ばれてきた。ハトスバーの名物もバーベキューだというので、頼んでみたのだ。

「豪快に手で食べるのが美味しい」というレイチェルさんの言葉通り、手を伸ばして肉をつ

＊

かむ。ベイビーバックリブという豚の背中の骨付き肉で比較的やわらかい部位ではあるものの、それでも口に入れると思わずうなってしまった。ほろほろと崩れるほどの仕上がりだったからだ。しかも、滋味深く、時間をかけてつくっていることは容易にうかがえる。

「しっかりと味付けされているんですね」と私がいうと、「この味付けやソースこそが地域ごとに特徴的なんです」とレイチェルさん。味付けでいえば、バーベキューの本場である南部地域はトマトやビネガーをベースにしたソースに漬けたり、塗ったりすることが多いが、中西部は塩、コショウ、ハーブなどを肉にすり込む調理法を好むのだという。

「同じ南部でもテキサス州ではトマトベース、大西洋沿岸のノースカロライナ州、サウスカロライナ州ではビネガーベースと、ソースの種類が異なります。さらにいえば、家庭によってレシピが違う。近年は醬油やワサビを使う人もいたり、すごくバラエティーに富んでいるんです」

聞けば、アメリカには「初めて会う人との話題に選んではいけないもの。それは政治、宗教、そしてバーベキューだ」という社交場についてのジョークがあるそうだ。論争が巻き起こる可能性があるほど、アメリカの人びとはバーベキューにこだわりを持っているということか。

「大勢でバーベキューパーティーをする時にはコンテストを開いて、味を競ったりもします。南部のほうでは町単位、州単位のコンテストも開催されているんですよ」

＊

バーベキューを取り仕切る人をピットマスターというが、バーベキュー協会が認定するピットマスターもいるらしい。アメリカ人のバーベキューに対する意気込み、ハンパない。

そもそもバーベキューの歴史は、ヨーロッパからアメリカ大陸への移民が始まった一七世紀頃にまでさかのぼるようだ。一説ではあるが、当時の先住民たちは塊肉を長時間かけて焼く「バルバッコア」という調理法を持っていた。それを移民が飼育のために連れてきた豚肉の調理に取り入れるようになり、確立していったといわれている。だから移民が最初に開拓した東海岸の辺りは、バーベキューに豚肉を使うことが多い。

いっぽう、カウボーイで知られるテキサス州ではやはり牛肉がメインだ。畜産業の主要地域であることからバーベキューも盛んで、大きなカット肉を使うのが特徴。豪快に牛一頭を丸焼きにすることもあるという。バーベキューにはアメリカの歴史と土地柄が見事に反映されているのだ。

では、どんな時にバーベキューをするのだろうか。そう問うと、「みんなで食べる料理の象徴でしょうか」とレイチェルさんはいう。

「アメリカでは自宅の庭で家族や友人とバーベキューを食べます。それは独立記念日や誰かの誕生日など特別な日だから集まることもあるけれど、単に日曜日だからやりましょう、という場合もある。共通するのは親しい人たちと食事を楽しむということです」

大都会の集合住宅は別だが、だいたいどこの家にもグリルやガスバーナー、スモーカーがそろっているという。そして、とくに活躍するのが父親だ。その家の長がピットマスターとして

＊

バーベキューを振る舞う。レイチェルさんのお宅でもピットマスターはご主人。日本でも男友達とバーベキューのグループをつくっていて、年に数回、バーベキューパーティーを行うそうだ。アメリカではそうやって家族や親しい人たちとの絆を深めているのだろう。

「バーベキューのレシピは父親から息子へと受け継がれるんです。マカロニ・アンド・チーズが母の味なら、バーベキューは父の味ですね」

レイチェルさんがいった。そういえば小学生の頃、家族でバーベキューをした時に肉を焼くのはいつも父だった。いわゆる普通の焼き肉でシメはやっぱり焼きそばだったけど、思い浮かぶのは家族の笑顔。料理などの文化が伝来する時、そこの風土に合わせて変化しながら定着することが多い。しかし、大切な人たちとの絆を深めるというバーベキューの意義は、日本にもそのまま伝わっているのかもしれない。

*

HATOS BAR／ハトスバー
東京都目黒区中目黒一-三-五 プリンスコーポ一〇六
☎ 〇三-六四五二-四五〇五
ホームページ http://hatosbar.com/

親子の言葉をつなぐカンボジア版お好み焼き

新宿から電車に揺られて約一時間、降り立ったのは小田急電鉄の愛甲石田駅（神奈川県厚木市）。改札を出てキョロキョロしていると、後ろから「こっち、こっち」と呼ぶ声がする。振り向くと小柄な女性が手を振っていた。NPO法人在日カンボジアコミュニティの伊藤裕子さんだ。

伊藤さんとはラオスの正月「ピーマイラオ」のお祭りに参加した時に知り合った（一五二ページ参照）。かつて、インドシナ難民を支援する施設・大和定住促進センター（以下、大和センター）で働いていた伊藤さんは、今も在日のラオス人やカンボジア人の支援を行っていて、在日カンボジア人の社会活動の支援をする在日カンボジアコミュニティに所属している。この日は伊藤さんの案内で、在日カンボジア人の萩原カンナさんのお宅に伺うことになっていた。

＊

きっかけは、東京・渋谷区の代々木公園で開催された「第一回カンボジアフェスティバル」（二〇一五年四月二五・二六日）だ。代々木公園では年間を通してさまざまな国のフェスが行われるが、カンボジアが独立して国名を冠したフェスを行うのは初めて（タイの「ソンクランフェスティバル」と同時開催）。在日カンボジアコミュニティがスポンサー集めから出店の管理、本国からの芸能人の招聘までの運営を担っているというので問い合わせたところ、伊藤さんに再会したのだ。

フェスではどんなカンボジア料理が食べられるのか、伊藤さんに尋ねた。すると、「それなら、味見に来ますか。フェスの打ち合わせで料理を試食するんです」とのお答え。

フェスの前に食べられるなんて！

なんとも素敵な提案に二つ返事で伺うことになったのである。

駅で待ち合わせた伊藤さんと私を、カンナさんが車で迎えに来てくれた。首都プノンペンで生まれたカンナさんは三五年ほど前に難民として大和センターに入所し、現在は通訳などの仕事をしている。

「カンボジアの子どもたちが大好きな料理をつくりますよ」

カンナさんの言葉に、子どもに負けず劣らずワクワクである。

駅から車で一〇分ほどのところにあるカンナさん宅のアプローチには、ミントが植えられていた。「ラオスの人たちと同じでしょ」と伊藤さんが笑う。大和センターに来た難民は、敷地のいたるところにミントやレモングラスなど料理に使うハーブを栽培していたそうだ。

「みんな大きな荷物を抱えて入所するんだけど、中を見るとほとんどが食べ物や料理の道具。

＊

Tシャツ一枚で日本の冬の寒さに震えながら、大事に抱えていましたよ」

その荷物の中に必ずといっていいほど入っているのが石臼だった。スパイスを潰したり、サラダをつくったりする時に欠かせないという。家の中に入ると、先に来ていた在日カンボジア人のセレイさんが、まさに石臼で何かをすり潰していた。セレイさんは、フェスに店のスタッフとして参加するそうだ。さっそく何をつくっているのか聞いた。

「バンチャエウです」

セレイさんはそういって、すり潰したものを白い粉の中に入れた。そのとたんに漂ってくる独特な匂い。これは……ウコンだ。

「バンチャエウは、米粉とウコン、卵、塩をこねて焼いた生地に具材を挟む料理。日本でいえばお好み焼きとかクレープみたいな感じでしょうか」

日本語があまり得意ではないセレイさんの言葉を、カンナさんが通訳してくれた。具材は豚の挽き肉と玉ネギ、ココナッツ、モヤシが一般的で、たまに鶏の挽き肉を使うこともあるという。バンチャエウは人が集まる時によくつくる料理で、料理が得意なセレイさんは日本でもみんなが集まる時につくってきてくれるそうだ。

「簡単につくれるし、娘たちが好きな料理だから」

微笑むセレイさん。そこへ「私もやりたい！」と、二人の娘さんがセレイさんの横に並んで生地を混ぜ始めた。料理上手な母の味、こうやって受け継がれていくんだなあ。

＊

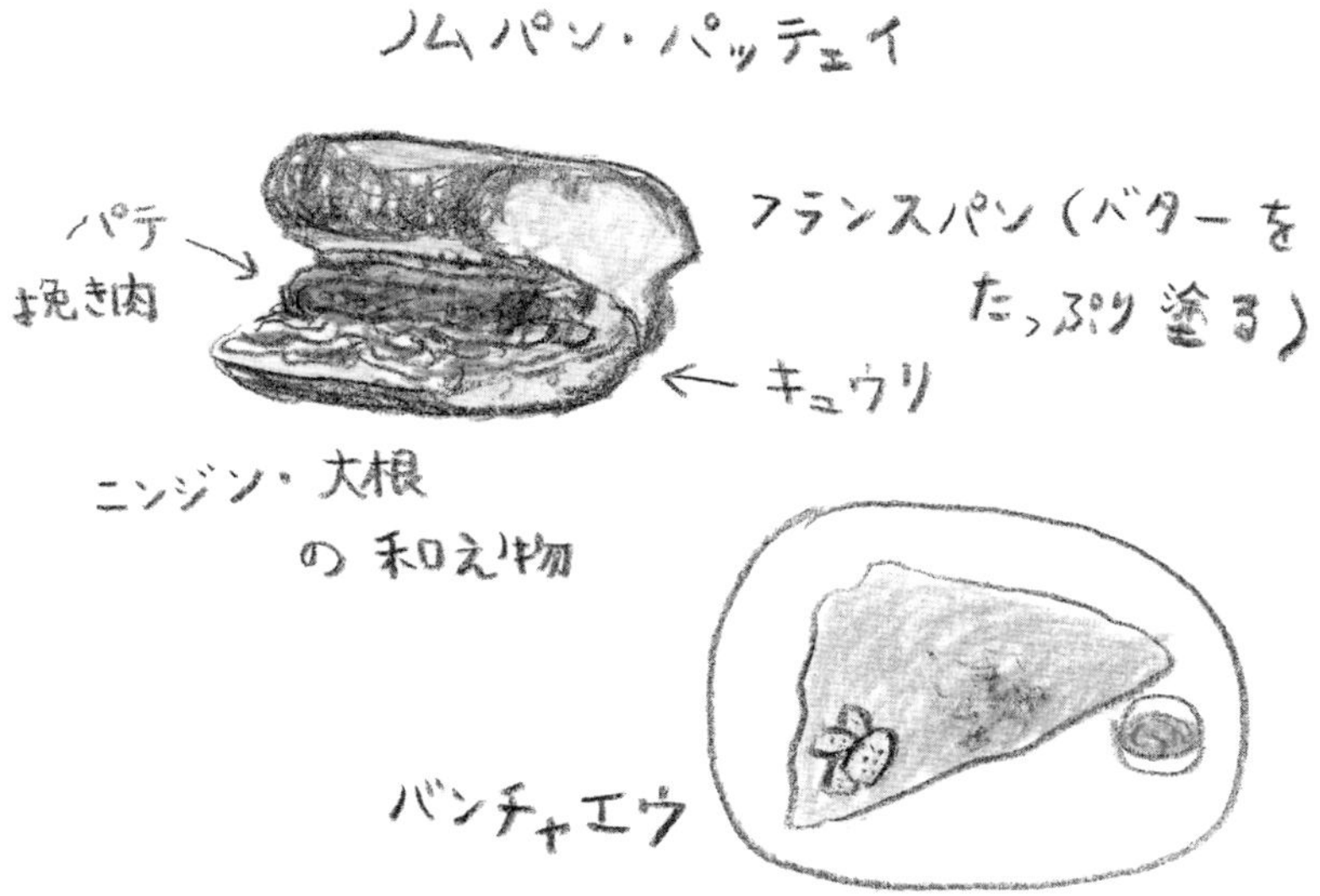

「これ、食べてみて」

楽しそうな子どもたちを眺めていると、セレイさんがパテをひと切れくれた。塩がほんのりきいたシンプルな味で、コリコリとした食感が小気味いい。それでいて、飲み込んだあとも舌にはしっかりと肉の旨みが残る。聞けば、刻んだ豚肉の耳の皮とキクラゲが入っているという。

「昔、フランス領だった影響でカンボジアではパテをよく食べるんです。日本のアジア食材店にも置いてあります。ただ、カンボジアでは手軽に買えるのに、日本だと一キロ三〇〇〇円くらいする。だから自分でつくったんです」

＊

カンボジアは食事の価格が安いため外食が多く、国外に住んでいる人のほうが料理をするそうだ。

しかしこの味、お酒のつまみにぴったりだ。食感を楽しみながらいうと、「このパテはノムパン・パッテェイの具にするんですよ」とセレイさん。同じくフランス領だったベトナムでもバインミーという名でよく食べられている、フランスパンのサンドイッチだ。セレイさんはパンに切り込みを入れてバターをたっぷり塗り、パテ、キュウリ、挽き肉、ニンジンと大根の和え物と、次々に具材を入れていく。味付けはカンボジアの魚醬であるタアック・トレイと特製の出汁だそうだ。

「バンチャエウができるまで、こちらをどうぞ」

セレイさんのお言葉に甘え、ノムパン・パッテェイをぱくり。バターを含んだフランスパンのふくよかな味わいとパテの旨み、日本のなますのように酢がきいた和え物のさっぱり感が絶妙なバランス。いろいろな味が絡み合って飽きることがない。もうすぐゴールデンウィーク、ピクニックに持って行きたくなるなあ。

「今、カンボジアにはノムパン・パッテェイの専門店がたくさんあるんですよ。味付けや種類はさまざまですが、広い駐車場に店がぽつんとあって、車を停めると売り子さんが売りにくるんです。みんな、一〇個、二〇個とたくさん買う。田舎に帰る時には欠かせませんね」

数年前に故郷を訪れたというカンナさんが教えてくれた。一種のドライブスルーか。でもわかるなあ、ドライブにもぴったりだもの。

もりもり食べているうちにセレイさんがバンチャエウを焼き出した。娘さんたちも手伝う。

＊

そこであることに気づいた。カンボジア語で話すセレイさんに対し、二人の娘さんは日本語で答えているのだ。

「セレイさんは首都プノンペン郊外のカンダール出身で、一八歳の時にすでに日本に来ていた家族に呼び寄せられて来日しました。だから簡単な日本語は話せるけど、込み入った会話はできません。いっぽう、娘さんたちは日本生まれ。普通の学校に通うから日本語は問題ないですが、逆にカンボジア語が話せないんです。お互いに話していることは理解できるから日常の会話は成り立つ。でも、難しい話になると伝わらないことも出てきます」

そう話すカンナさんの五歳の息子さんもカンボジア語が話せないという。伊藤さんが言葉を継ぐ。

「だから在日カンボジアコミュニティでは、定期的に子どもたちにカンボジア語を教えているんです。家族のためでもあるし、自分のルーツである国の文化を知ってもらうためでもあるんですよ」

親子間の言葉の壁に衝撃を覚えながら、伊藤さんの話にしばし耳を傾けた。

＊

バンチャエウが食卓に載った。黄色い生地が具を包み込んでいて、見た目はオムレツのようだ。タアック・トレイを使った手づくりソースをかけて口に入れる。まず、予想以上にもっちもちな生地に目を見張った。米粉を使っているからだろうか。その生地に炒めた挽き肉とモヤシ、ちょっと酸っぱいソースがよく絡み、最後にココナッツの甘い風味がほんわりと香る。なんともやさしい味わいだ。

「フランスの食文化の影響を受けているものの、カンボジアでは小麦粉よりも米粉が主流なんですよ」

米粉の細い麺、ノム・バンチョクもよく食べるとカンナさん。

「今は買うことが多いようですが、昔は自分たちで麺をつくっていました。どこの村にも共同の生地をつく機械があったんです。テコの原理で足を使って踏んでつくもので、子どもも手伝うんですけど、体重が軽いから三～四人がかりで踏む。ついた生地は小さな穴をたくさん開けた空き缶に入れて、ぐぐーっと押し出して……。楽しかったなあ」

カンナさんが日本に来たのは一九八〇年、九歳の時だ。一九七五年に内戦が終わったカンボジアでは、ポル・ポト政権によって極端な共産主義政策が断行された。従来の社会制度や教育が一切否定され、知識階層を中心に大量虐殺が行われて、再び内戦に突入する。絶望した国民の多くは命の危険を冒しながらも国境を越え、タイの難民キャンプなどに身を寄せた。その渦中の一九七九年に日本政府はインドシナ難民の定住受け入れを開始し、大和センターなどを設立したのである。

＊

カンナさんも両親を亡くし、親戚と一緒に日本にきた。自宅には母親の写真が飾ってあった。

「おじさんがカメラマンだったので奇跡的に持ってくることができました。お母さんに似ているってよくいわれるんですよ」

柔和な表情のお母さんの写真は、確かにカンナさんに似ていた。

ふと横を見ると料理を食べながら仲良く談笑するセレイさん親子がいた。バンチャエウが言語の違う親子をつなぐ。

「娘たちが好きな料理だから」

セレイさんの言葉が心に響いた。

カンボジアフェスティバル

ホームページ http://www.cambodiafestival.com/

＊

ネパール人学校の子どもが食べるお弁当

授業終了のチャイムが鳴った。子どもたちがカバンから弁当箱を取り出し始める。

この日、私はJR阿佐ケ谷駅から徒歩数分のところにある「エベレスト・インターナショナル・スクール・ジャパン」にいた。二〇一三年四月に開校したネパール人の子どものための学校で、国外につくられたのは初めてだそう。

在日ネパール人の子どもが集い、学ぶ場所で、子どもたちはどんなお昼ごはんを食べるのだろう。興味が湧いた私は学校を見学させてもらうことにした。

ネパールの学校制度は一〜八年生が基礎教育（義務教育）、九〜一二年生が中等教育で、それ以降が大学等の高等教育となる。満五歳以上で基礎教育の学校に入学するが、貧困などの理由で継続して学校に通える子どもは約六七・五パーセントに留まる。このスクールはNPO法人だがネパールと同じカリキュラムで、四階建ての小さなビルに六つほどの教室がある。一〜四年生と就学前の児童の計七四名が通い、昼食はそれぞれお弁当を持ってくるという。

＊

一年生の教室には十数人の生徒が行儀よく座っていた。机の上に置かれたお弁当を見ると、複数の容器に分けて持ってきている子が多い。やがて食事が始まり、子どもたちが弁当箱のフタを開けると、たちまち室内にスパイシーな匂いが立ち込めた。

「やっぱり、カレーなんだ！」

ネパールといえばインドの北東部と国境を接する国。多民族国家だが約八割がヒンドゥー教徒で、インドと文化が似ている。私も二回ほど訪れているが、いわゆる〝カレー〟ばかり食べていた。そもそもインドにはカレーという料理がないので（一二ページ参照）、ネパールの場合もカレーというと語弊があるかもしれない。要するにスパイスを使って炒めたり、煮たりしたおかずだ。

中にはパスタやピラフを持ってきている子どももいるが、八割くらいが一～二種類の〝カレー〟とライスのセットのようだ。そして、〝カレー〟をライスにかけて混ぜ、美味しそうにほおばっている。

「ネパールではスパイスを使った料理をタルカリといいます」

理事長のシュレスタ・ブパール・マンさんが説明してくれた。日本でネパール語の新聞を発行しながら、スクールを設立・運営している。「タルカリの具材は野菜もあれば肉もあります。

＊

子どもたちのお弁当も全部違いますよ」というので、お弁当の中身を見せてもらった。

「今日はカリフラワーのタルカリだよ」

「僕のタルカリにはジャガイモとニンジンが入っているよ」

「大好きなキーマ（挽き肉）のタルカリなの！」

確かにみんなそれぞれ。とくに好んだり、よく食べたりするタルカリはあるのだろうか。そう尋ねると、シュレスタさんは少し考えてから答えた。

「タルカリはその地方で採れる農産物にもよるし、スパイスの使い方も家ごとに違うので、とくにこれが一番、というのは難しいですね。ただ、ネパールでは食事のスタイルが決まっている。それは地方も民族も問わず、全国で同じです」

食事のスタイルってご飯と味噌汁とか、そういうことかな。

ピンときていない私を見て、シュレスタさんは「お弁当で持ってきている子もいますよ」と案内してくれた。机の上にはご飯とタルカリが二つ。いや、一つはスープのようだ。

「ダルバート・タルカリです」

ダルは豆のスープ、バートはご飯という意味。本来は、ダル、タルカリ、ご飯にアチャールという辛い薬味を加えた四品をワンプレートに盛りつけた食事のスタイルだという。そういえばネパールの食堂でワンプレートの料理を食べたな、と思い出しながらダルをのぞき込むと……これまたスパイシー。

＊

インドのソウルフードはダールという〝豆のカレー〟で、日本でいう味噌汁のようなものだと聞いたが、ネパールのダルも同じらしい。タルカリは野菜がメインの場合が多いそうだから、ダルバート・タルカリはいってみれば野菜炒め定食のようなものだ。ネパールの食事はいつでもどこでもこれが基本セットだという。

「朝と夜にダルバート・タルカリを食べるんです」とシュレスタさん。スクールでは日本の習慣に合わせているが、本来、ネパールは一日二食で、昼はお茶とカジャを食べるという。カジャとはおやつ、軽食という意味でモモ（蒸し餃子）や揚げパンなど種類はさまざまだ。つまり、「食事＝ダルバート・タルカリ」といっても過言ではない。毎食同じセットで飽きないのだろうか、と思ってしまうが、子どもが一生懸命食べる様子を見るとそれは大きなお世話だとわかる。

「誕生日などの特別な日であっても、ダルバート・タルカリを食べます。ただ、タルカリの種類が増えたり、いつもより肉が多かったりと、普段より豪華になる。民族ごとの祭事ではその民族特有の料理を食べたりしますが、それ以外は正月でもダルバート・タルカリです」

野菜炒め定食が焼き肉定食になって小鉢がつく感じだろうか。ネパール人はブレないな、と思いながら食事を見ていると、あることに気づいた。ジャガイモが入ったタルカリが多いのだ。

「好き嫌いはともかく、一番よく使われているのはジャガイモです。栽培が比較的楽で栄養価も高いので、ネパールではジャガイモはタルカリの王様といわれているんです。そう書いて

＊

ある教科書もあるんですよ。タルカリに限らず、アチャールにも使うし、茹でたり揚げたりしてカジャにもできて、とても重宝されている食材です」

シュレスタさんの話では、ネパールは国民の七割が農業を営んでいて基本は自給自足。都市でも中心部の人以外は家に畑があって、野菜や豆、米をつくっているそうだ。ダルバート・タルカリは自分たちで栽培した食材を使うという。ジャガイモの原産地は南米でコロンブスがヨーロッパへもたらし、商人によって世界的に広まった。ヨーロッパでは飢饉を救う食べ物として重宝されたが、ネパールでも同じように定着していったのだろうか。

いっぽう、ダルとインドのダールとの違いはあるのだろうか。私には同じ〝豆のカレー〟にしか見えないが……。

「豆はウラドダル（黒豆）やムングダル（緑豆）、チャナダル（ヒヨコ豆）が一般的ですが、地方や家庭の好みによって違います。それはインドでも同じでしょう。大きな違いはスパイスの量と油。ネパールはインドよりスパイスが少なめ。油もインドではたっぷり入れますが、ネパールでは炒める時と風味付けに少し使うくらい。だから、インドのものより水分が多くてサラッとしています。タルカリも同様です」

ネパールと接するインドの北部はチャパティなど小麦粉を練って焼いたものが主食なので、水分が少ないほうがからませやすいが、ネパールは細長くパサパサしたインディカ米が主食なので水分があるほうが相性がよいのだろう。シュレスタさんの話を伺っているうちに、昼食の

＊

時間が終わりに近づいたようだ。食べ終わった子どもは、流し台に行って弁当箱をきちんと洗っている。「えらいねー」と感心していると、「お母さんのお手伝いだよ」と元気な返事。

「彼らの親の多くは出稼ぎで日本にきています。ネパールは小規模な農家が多く、一人あたりのGDPは約八五〇米ドルと貧しい国です。そのため、多くの国民が中東やオーストラリア、そして日本に働きに行くんです」

それも、たいていは子どもを自分の親や親戚に預けて働きに行く。その大きな理由が学校だという。

「とくに日本では言葉の壁があるので普通の学校や日本語学校は難しいんです。ネパールの教育は英語で行われるのでインターナショナルスクールに通う手段もありますが、学費が高い。何より、母国の言葉や文化を学ぶことができません」

このスクールには日本で生まれた子どももいる。両親が働いているため、一日の大半を保育施設で過ごす子どもたちは日本語を話すようになり、帰国した時に祖父母や親戚と意思の疎通ができない。そんな子どもをシュレスタさんは何人も見てきた。とはいえ、ネパールに置いてくると親は教育を施せないし、さみしい思いをさせてしまう。スクールの設立はとても大事なことだったとシュレスタさんは語る。

＊

「設立を思い立った時、日本で発行しているネパール新聞の購読者を中心にアンケートを取ったんです。そうしたら希望者が圧倒的でした。日本で生まれた私の娘も母国語がおぼつかない。だから、スクールをつくろうと決心したんです」

開校時の生徒は一六人だったが一年で倍増した。本国から子どもを呼び寄せた親もいて、希望者は増える一方だという。

「いまの建物では一〇〇人ほどしか収容できないし、遠くからは通えない。ネパール人は日本全国にいるので、ゆくゆくは名古屋や福岡にも分校をつくりたいと考えています」

日本に住むネパール人は六万七四七〇人（二〇一六年一二月末現在）。シュレスタさんの話では十数年前は四〇〇〇人ほどしかおらず、ここ最近急増したそうだ。そこには二〇〇六年に内戦が終結して国が民主化へ動き出していることが影響していると思われる。

「民主化されて自由が増えました。海外からの投資が受けやすくなり、国外での勉強や就労を希望する人も多くなっています。出稼ぎがいいか悪いかはわかりませんが、いまは海外からの送金が国のＧＤＰの三〇パーセント以上を占めている。送金によって経済が支えられているんです」

二〇一五年九月にようやく新憲法が公布されたものの、雇用状況はよくはない。その中で海外からの送金は国民の生活水準を上げ、その資金を元にした新規事業の増加にもつながっているとシュレスタさんはいう。国が自立をするにも、出稼ぎは重要な資金源になっているのだ。だからこそ、日本にいる子どもたちに母国のことを学んで、将来を担ってほしい。それがシュレスタさんの思いだ。

＊

「お母さんのお弁当は美味しい?」

子どもたちに聞くと、とびっきりの笑顔が返ってきた。幼い頃に食べた母のお弁当は心に残るもの。このスクールはネパールの味、おふくろの味を伝える役割も果たしている。

＊

おわりに

ちょうど今から三年前の二〇一五年四月、カンボジアのソウルフードの話を聞いた私は、友人たちを誘って東京の代々木公園で開催された第一回カンボジアフェスティバルに遊びにいった。会場はまっすぐ歩くのが困難なほどの盛況ぶり。セレイさんの、娘さんたちへの思いがこもったバンチャエウを出す屋台にも長蛇の列ができていたことを覚えている。今年のゴールデンウィークには四回目のフェスが開催されるそうだ。

おふくろの味。

さまざまな国の人にソウルフードを尋ねて歩く中で、最もよく聞いたのがこの言葉だった。ソウルフードを食べながら母親の料理に思いを馳せる人もいれば、自身の家庭の味を継承して店で振る舞っている人もいる。イギリスのガースさんのように、母親の料理が美味しくないから料理を勉強したなんていうケースもあるが、多くの人の心におふくろの味が刻まれている。考えてみれば、生まれて初めて口にする料理だもの、当然なのかもしれない。

彼らの話に重ねるように、私も幾度となく母親の料理、味を思い出した。と、郷愁めいたことをいっているが、実家は電車で一時間もかからない場所にあるので、たまには帰れよという話だ。それを気づかせてくれたのも彼らだったように思う。留学や仕事と来日の理由はそれぞれだが、なかには難民として国を離れなければならなかった人もいる。文化も言葉も異なる地で生きていく彼らには、同じ土地に住み続けている私にはわからない苦労があるだろう。それでも彼らは誇りを持って自国の料理を語ってくれた。ソウルフードは故郷を象徴する数少ないものとして、彼らの支えになっているのだ。

それでいて、目の前に出されたソウルフードをひも解いていくと、国を超えた文化の交流が感じられた。もちろん、長い歴史の中で世界の国のかたちは絶えず変わっているから、文化が融合するのは当たり前だ。しかし、南米原産の唐辛子が、はるか遠いブータンの人びとに欠かせない野菜となっているのには驚いた。ジャガイモにしても、アメリカ大陸からヨーロッパに持ち込まれて飢饉の際の貴重な食糧となり、それがフリッツ（フライドポテト）に姿かたちを変えてアメリカ大陸に帰っている。ソウルフードは国と国、人と人をつなぐ橋渡しのような役割も果たしているのかもしれない。実際、ソウルフードを通してたくさんの文化に触れることができた。何より、料理を食べながらの会話は楽しく、心地よい時間だった。韓国の金さんの「人間はうれしい時に宴を開くし、悲しい時にも料理を食べ、酒を酌み交わす。そうやって心を通い合わせている」という言葉が思い起こされる。

おぼろげながら「ソウルフード」の本当の意味が見えてきたように思う。そこで、再び自分のソウルフードを考えてみる。すると、探訪のきっかけとなった「ご飯と味噌汁」だけではなく、その食卓を囲む家族や友人の顔が浮かんでいた。

＊

話を聞いた外国人の多くはソウルフードとともに、家族で食事をする時間を大切にしている。彼らと比べて今の日本人はどうだろう。仕事や勉強に忙しく、食事の時間も家族バラバラで、つくり置きや出来合いの料理をレンジで温めて食べる。それって何だか味気ない気がする。かくいう私も時間に追われひとりで夕飯をかき込み、この原稿を書いている。ものすごく味気ない。だから、次の休みには実家に帰ろうと思う。私のソウルフードを食べに。

＊

本書は「ナショナル ジオグラフィック日本版サイト」で連載している「世界魂食紀行ソウルフード巡礼の旅」から構成し、加筆、修正したものである。訪問先を探したりとサポートしてくれたポテト大好き編集者の寺村由佳理さんとは、公私問わず異国の料理を食べ歩くようになった。そして、書籍化の話をくださり、なかなか作業が進まない私を辛抱強く支えてくれた平凡社の岸本洋和さん。山西省の麵料理では編集者らしい鋭いツッコミが光っていた。お二人には心からお礼を申し上げたい。

最後になったが、ソウルフードを快く語ってくれた外国人および関係者のみなさんがいたからこそ、一冊にまとめることができた。深く感謝するとともに、またみなさんと一緒に食卓を囲むことができたらこの上ない幸せである。

二〇一八年四月　　中川明紀

本書は、「ナショナル ジオグラフィック日本版サイト」の連載
「世界魂食紀行 ソウルフード巡礼の旅」の
第一回〜五一回（四、五、七、一〇、一七、二〇、二二、三五、三六、三九、四四、五〇回を除く）を加筆、修正したものです。
なお、登場した方の肩書きは右記サイト掲載時のものです。

中川明紀
なかがわ　あき

出版社で書籍、ムック、週刊誌の編集に携わったのち、
2013年よりライターとして活動をスタート。
「ナショナル ジオグラフィック日本版サイト」で
「世界魂食紀行」を連載するほか、週刊誌、タブロイド紙、女性誌など、
さまざまな媒体でインタビュー記事を中心に執筆。何ごとも体験がモットーで、
暇さえあれば国内外の食、遺跡、人々の暮らしを見てまわる。
現在、東京で食べた異国のソウルフードは約60カ国。

ソウルフード探訪
東京で見つけた異国の味

発行日：2018年5月23日　初版第1刷

著者：中川明紀
発行者：下中美都
発行所：株式会社平凡社
〒101-0051　東京都千代田区神田神保町3-29
電話　(03) 3230-6580［編集］
　　　(03) 3230-6573［営業］
振替　00180-0-29639
印刷・製本：株式会社東京印書館

ISBN978-4-582-83749-0 NDC 分類番号 380　四六判（18.8cm）　総ページ 288
平凡社ホームページ　http://www.heibonsha.co.jp/